D1215380

Hugo Hiriart

CÓMO LEER
Y ESCRIBIR POESÍA

Primeros pasos

ENSAYO
TUSQUETS
EDITORES

1ª edición: abril de 2003
2ª edición: enero de 2005

© 2003, Hugo Hiriart

Ilustración de la cubierta: *Poesía*. Infografía. Especialmente realizada para esta edición.
© David S. Ojeda, 2003
Diseño de la cubierta: Lluís Clotet y Ramón Úbeda
Reservados todos los derechos de esta edición para:
© Tusquets Editores México, S.A. de C.V.
Campeche 280-301 y 302, 06100, Hipódromo-Condesa, México, D.F.
Tel. 5574-6373 Fax 5584-1335
ISBN: 970-699-073-9
Fotocomposición: Quinta del Agua Ediciones, S.A. de C.V.
Aniceto Ortega 822, Del Valle, 03100 México, D.F.
Impresión: Impresos GYV
Torquemada 78, Obrera, 06800, México, D.F.
Impreso en México/*Printed in Mexico*

Índice

Prólogo

A menos que, como el poeta Mikhail Lermontov, puedas decir «encontré la paz en el corazón de la tempestad», Nueva York es peligrosa para la quietud del alma. Esta ciudad está hecha de sueños de grandeza, pero realizados. Sus enormes edificaciones son anhelos materializados. Todo te habla de tenacidad bien articulada, de esfuerzo inteligente, y lentamente vas sintiéndote menguado, poca cosa. Aunque, en cierta medida, no lo seas. Y te penetra también la ambición de hacer algo. Este instante de inquietud, percibía Scott Fitzgerald, es el momento de riesgo. Ya cantaron para ti la sirenas y la ciudad está lista para aplastarte. Porque muchos intentan el triunfo, pocos lo alcanzan y el destrozadero de voluntades es incesante.

Yo, que aspiraba tan sólo a ser, como Alonso Quijano, «hidalgo sosegado», experimenté cierta ambición cuando, al llegar a trabajar a Nueva York, sentí la caricia prometedora de la ciudad. Y como había que enseñar español en el Instituto donde trabajaba, y aún no había libro de texto alguno, resolví emprender la redacción de un librito sobre el idioma español.

Y como soy de la opinión de que la poesía es una delicia de la que cada día menos gente disfruta, y que es en ella en la que un idioma, cualquiera, alcanza su máximo poder expresivo, resolví hacer que mi librito sobre el idioma fuera una introducción, lo más sencilla posible, a la poesía.

Ahora bien, según entiendo, lo mejor para acercarte al arte de la poesía es tomar un lápiz, una hoja de papel —más no se precisa, por fortuna— y escribir unos versos. El disfrute de la maestría de los poetas nace de percibir la dificultad de hacer buena poesía. Así te adentras en ella y la oyes, por decirlo así, desde adentro y aprecias la maquinaria de su factura.

Ese y no otro es el origen de este librito. Sólo espero que contribuya a fomentar entre nosotros, sobre todo entre los jóvenes, la apreciación y el cultivo del viejo y prodigioso arte de las palabras musicales.

En cuanto a mí, he sobrevivido a las amenazas de destrucción de la gran ciudad que es Nueva York, no porque haya materializado algún anhelo de grandeza, sino porque he aprendido lentamente a gobernar mejor mis propios impulsos y a sosegarme en la modestia. Y la redacción de este librito que ahora tienes en tus manos me ayudó, en su momento, a encontrar mi camino a la tranquilidad, ¿puedes creerlo?

Nueva York, a 15 de marzo de 2003.

Introducción

Este libro es una iniciación elemental, sencilla, en dos terrenos: los de la poesía y la lengua españolas. Supone entonces que el lector nada sabe de ambas. Con lo que sólo digo que parte de cero. Todo el punto o chiste del libro consiste en que se trata de una iniciación en las dos cosas *al mismo tiempo*.

Al español entramos, no vía la gramática, como siempre, sino a través de la poesía. Y al arte de hacer poesía entramos por la vía de la lengua española. Intentar esto al mismo tiempo puede parecer tonto, equivocado, y aun demente. Y acaso lo sea, pero acaso no. Hay que arriesgar. No tiene sentido, en nuestra opinión, repetir como perico los métodos trillados, consabidos, machacados hasta la náusea en enseñanza de idiomas. Hay asuntos, como éste, donde lo único interesante y atractivo es arriesgar.

—Permítame besar la mano que escribió el *Ulises* —le pidió a James Joyce un admirador fervoroso.

—No, señor, porque la uso también para hacer otras cosas —respondió el maestro.

Y en efecto, el idioma, como la mano, se usa para muchas cosas, no sólo para hacer arte. Se usa para todo lo que abarca la experiencia humana, que es incontable. Pero en el uso del idioma para hacer poesía, las palabras de una lengua, de cualquier lengua, alcanzan su máximo de nitidez, poder expresivo y musicalidad. Y aceptado

9

esto, que parece innegable, ¿por qué, entonces, si vamos de visita a la gran casa del español, no entramos directamente a la sala con piano y candelabros donde está, vestida de fiesta, la poesía, en vez de perder el tiempo en el sótano, la cocina y el medio baño para visitas del intercambio verbal común y corriente?

¿Para quién está escrito este libro? Para todos. No hay límites de edad —grandes y chicos pueden leerlo— ni de educación —pueden leerlo y obtener sus frutos, espero, el que nada sabe, el culto y el sabio, incluso los que ya conocen algo, y más que algo, de español. Pero al escribirlo recordé varias veces que Tolstoi aprendió griego para leer los evangelios, a los 60 años de edad, y que Edmund Wilson tenía más de 45 años cuando estudió hebreo para enfrentarse a los rollos del Mar Muerto, recién descubiertos. Ninguno de los dos, estoy seguro, aspiraba a la posesión erudita y total de la lengua que aprendía, pero sí a adentrarse en ella, a vivirla por dentro, a bañarse un poco en sus peculiaridades. Y bueno, en eso he pensado, en un lector que se acerque, lleno de curiosidad, al español y a la poesía, a la poesía en español.

En la Biblia se lee que el asno de Balaam habló (Nm. 22, 22-23) en hebreo. No fue interesante, sin embargo, lo que dijo el animal. Pero eso sí, aprendió el lenguaje en forma instantánea, sin mortificación ni trabajo alguno, puesto que un ángel le regaló, con la punta de su espada, el don de hacerlo. El animal no hizo esfuerzo, no necesitó paciencia, ni método, ni disciplina, nada. Pero admítelo, es un caso en extremo anómalo el suyo. Tú, que no puedes adquirir de golpe un idioma, si quieres llegar a conocer un poco de español, vas a necesitar abrirte paso despacio en el idioma, el lenguaje nuevo debe irse comiendo poco a poco, una palabra hoy, dos expresiones mañana, y así, con paciencia de santo. *Roma no se hizo en un día*, dice el refrán. Sin prisa pero sin pausa, avanzarás en su dominio.

Pero justamente por esta lentitud y mortificación, hay que cuidar que aprender un lenguaje no sea como bajar a trabajar en las minas del sal del intelecto en medio de un aburrimiento bestial y casi absoluto, sino, por el contrario, que aquello que se vaya aprendiendo poco a poco valga la pena de ser entendido, que tenga de suyo cierta diversión, algún interés propio. *Instruir deleitando*, llamaban a eso los latinos.

En esto hemos pensado al unir español y poesía. Aquí no hallarás las trivialidades verbales acostumbradas o el ejemplo soso y banal, sino nobles e ilustres ejemplos de poesía en castellano, y, mejor que eso, elementos y estímulos para que escribas, a tu modo y parecer, tus propios poemas.

Porque la mejor manera de apreciar la poesía es aprendiendo a jugar el juego de hacerla, no para ser un gran jugador y batir *récords*, sino sólo porque gustar de la poesía, de ese latido peculiar de lo humano, de esa forma de cargar la experiencia de singular intensidad, ya como poeta productor, ya como simple lector consumidor, es, de verdad, añadir una dimensión de alegría y felicidad a la vida de todos los días.

En síntesis: la esencia, podríamos decir el alma, de una cultura es el lenguaje en que se expresa. El alma de la cultura francesa está en el francés, el de la rusa en el ruso, y así. El alma de la cultura hispánica está en el español. Y a su vez, el alma de una lengua, es su poesía. Así pues, a la lengua española llegaremos por la poesía en español. Y a la poesía en español lo haremos aprendiendo a escribir poesía, esto es, a cantar con palabras. Todos podemos, nadie hay a quien estén negados el consuelo y la alegría, según el caso, de cantar.

Si logramos que captes la belleza de algunas poesías en español, si las haces tuyas en la sonoridad de su lengua original, si las entiendes y puedes decirlas con emoción y aprecio, nos vamos a sentir satisfechos con este libro.

Nada más y buena suerte.

Un paseo por las palabras

Cualquiera sabe que las palabras sirven para comunicar ideas, emociones, creencias. Tienen un trabajo que hacer. Si dices «dame» (*give me*) y te dan, la palabra cumple su trabajo. Eso es obvio. Pero también puedes sorprender a la palabra cuando está descansado —como sorprendes de pronto a un animal en un claro de un bosque, descansando digo—, esto es, cuando no la usas, para mirarla y ver cómo es en su singularidad. Las palabras, como las personas, tienen individualidad, hábitos, familia, historia, y son raras o comunes, ilustres o bajas, sutiles o tontas, y esto nos interesa especialmente, son hermosas o feas.

La palabra mandarina (*tangerine*) es hermosa. No digas que sólo es referencia a una fruta. Mira la palabra. Es graciosa, musical, parece cantante italiana, alude a unos colores delicados, a un sabor peculiar (imagínate ahora ese sabor) y también al viejo y legendario imperio chino, porque es el femenino de la palabra mandarín, esos letrados chinos que constituían la burocracia celeste. Todo en uno.

La palabra oso (*bear*) también es hermosa, pero ésta porque es gorda, como el animal que nombra. La palabra es como la cosa. Oso (*bear*), gordo (*fat*) y globo (*balloon*), son palabras redondeadas, porque tiene dos letras «o», y por allá andan sapo (*toad*) y bola (también *balloon*, pero igualmente unión confusa de elementos).

La palabra, a veces, hace lo que hace la cosa, como en «parpadear», que es abrir y cerrar los párpados (*eyelids*), esto es: *to blink, to wink*. En hebreo, mariposa se dice *parpar*, palabra que se abre y se cierra, como las alas del animal, y como el parpadeo (*blink*). En México, «hacer el oso» quería decir, antes, «cortejar a una dama», pero ahora quiere decir «hacer el ridículo».

Es interesante cuando la palabra imita la cosa. Alargado (*long*) se alarga, en español; en cambio corto (*short*) se achica. Ratón (*mouse*), dice el diccionario, es «voz de creación expresiva», no viene del latín (en latín se dice *mus*, casi como en inglés). Y ratón es cosa chiquita, que corre. Góngora, el gran poeta español, describe en un verso así al búho (*owl*):

«Suave, de perezosas plumas, globo.»
Soft of lazy feathers, balloon.

Y el verso entero parece que flota, sin peso. Garganta (*throat*) imita el paso de lo voluminoso por lo estrecho. En español se llama también gargantas a las barrancas o cañones por donde pasa algún río (como el cañón del Colorado). Y el gigante comelón de Rabelais, muy apropiadamente, se llama en español, Gargantúa.

La palabra uva (*grape*) es chiquita y tiene algo de obra de arte minimalista, porque nada le sobra ni le falta, es perfecta y dulce como uva moscatel.

Mastodonte (*mastodon*), en cambio, es palabra grande, casi violenta. Uva, diríamos, no pesa. Mastodonte tiene tonelaje y movimiento.

Cola se dice *tail* en inglés, aunque también se usa *queue* o *line*; y está bien, porque *queue* «*is a sort of tail*». En español no se puede hacer el chiste de Lewis Carroll —confundir *tail* con *tale*—, pero la palabra cola se

14

refiere también a un pegamento adhesivo: «pegar con cola».

Ondulado (*wavelike*, *wavy*) es una palabra que ella misma parece ondular (*to move as a wave*).

El vocabulario de un lenguaje está vivo y en constante, aunque lento, movimiento. Unas palabras nacen (en general, pero no siempre, adoptadas de otro idioma), otras dejan de usarse y se hacen anticuadas. Por ejemplo, la palabra ganga, que parece de la India (Gunga Din), es término familiar en México y equivale a *bargain* del inglés; pero en Nueva York se usa para nombrar a los grupos de jóvenes o bandas. Seguramente derivada de *gang*, que significa en inglés «banda de malhechores». Este uso de la palabra es nuevo, se ignora en México todavía (ya llegará). Banda, *gang* y ganga se parecen: el nuevo uso tiene una forma de humor.

Tal vez no esté de más recordar que cada palabra tiene una historia. En español, muchas derivan del latín, otras del griego. La mayoría de las palabras en español vienen del latín. El español es lengua romance, esto es, derivó todo él del latín vulgar que se habló en España. Pero a su vez, la cultura griega fue maestra de la cultura latina (como la china de la japonesa), y, por eso, muchas palabras españolas, sobre todo de ciencia y cultura, vienen del griego. En el siglo XIX entraron al español gran número de expresiones y palabras francesas (por entonces el francés era la lengua dominante en la cultura). Y en el siglo XX y lo que va del nuestro han ingresado al español muchas palabras y giros del inglés, que es, en la actualidad, la lengua dominante.

15

El eco que transforma

Nuestra creencia espontánea es que las palabras designan cosas. La palabra mesa (*table*) designa la mesa. Cebra (*zebra*), la cebra, y así. Es decir, cuando decimos palabra (*word*) pensamos, sobre todo, en nombres o sustantivos, como perro (*dog*), rey (*king*), tranvía (*tram*). El significado (*meaning*) de una palabra es la cosa que designa. Pero ésa es una comprensión muy parcial de las palabras; es decir, toma un detalle, un aspecto de ellas, y lo generaliza indebidamente. Las palabras hacen muchos trabajos diferentes, tienen muy diferentes oficios, uno entre ellos es nombrar cosas. Tan palabra es el sustantivo buitre (*vulture*) como el adverbio tranquilamente (*peacefully*) o el verbo saltar (*to jump*). Por ejemplo, *y* (*and*), palabra de una sola letra, es una conjunción y es tan palabra como la más grande y lujosa que se te pueda ocurrir. Y no se antoja buscarle a *y* un significado referido a una cosa, ¿verdad?

Las palabras son diferentes no sólo desde el punto de vista gramatical; pero entre sus diferencias la que más nos interesa ahora es la relacionada con el uso que hacemos de ellas. La misma palabra puede tener diferentes usos. Si te digo, por ejemplo, «eres un buitre» (*you are a vulture*), muy probablemente pensarás que te estoy insultando porque aludo en metáfora a que no eres un cazador sino un aprovechado comedor de carroña. Pero nada de eso, aclaro: te digo buitre en sentido egipcio. Para los egipcios el buitre (*metek*) era símbolo de las virtudes domésticas: buen padre, buena madre. En México a los buitres se les nombra zopilotes (*vultures*, también). Zopilote es bonita palabra; recuerda cómo planean: deslizándose allá arriba en círculos sin mover una sola pluma. El cóndor (*condor*) sudamericano, la más grande de las aves, es una especie de zopilote.

Ahí tienes tres usos de la palabra buitre: uno designa, otro insulta y el otro elogia.

Villaurrutia, poeta mexicano, tiene en uno de sus «Nocturnos» los siguientes versos:

«Y mi voz que madura»

Lo que se traduce así al inglés: *And my voice which matures* (Y = *and*, mi = *my*, voz = *voice*, que = *which*, madura = *matures*). A este verso le sigue otro que dice:

«Y mi voz quemadura»

Lo que suena igual que el verso anterior (menos la microscópica pausa entre que y madura), pero con un significado distinto porque de quemar (*to burn*) deriva quemadura (*what is burned*); y por tanto el verso dice: *And my burning voice*. Luego sigue otro verso:

«Y mi bosque madura»

Otra vez suena igual, pero quiere decir otra cosa. Porque si juntamos las palabras voz y que, suena vozque, que se pronuncia (en el español que se habla en México y otros países hispanoamericanos) igual que bosque, palabra que se traduce como *forest* al inglés. Por eso, el verso dice en este idioma: *And my forest matures*. Y luego sigue este verso:

17

«Y mi voz quema dura»

De nuevo suena igual, pero vuelve a separar voz (*voice*), juntando que y ma, para decir quema (*burns*), y separando dura (*hard*). Con lo que dice, en inglés: *And my voice burns hard*. Con lo que tenemos este cuarteto (*quartet*):

Y mi voz que madura,	*And my voice which matures,*
Y mi voz quemadura,	*And my burning voice,*
Y mi bosque madura,	*And my forest matures,*
Y mi voz quema dura.	*And my voice burns hard.*

Breve comentario a las palabras empleadas

Quemar es verbo, en la palabra quemado el verbo funciona como adjetivo, predica algo de algo. Quemadura es un nombre o sustantivo. Con la terminación *ura* los adjetivos y verbos se transforman en nombres o sustantivos. Por ejemplo, hermoso (*beautiful*) se hace hemos*ura* (*beauty*), blando (*soft*) se convierte en bland*ura* (*softness*), amargo (*bitter*) da amarg*ura* (*bitterness*) y su contrario, dulce (*sweet*), da dulz*ura* (*sweetness*).

Así, como dije, de quemar se deriva quemadura. La palabra dura (*hard*) aparece, pues, de casualidad en quemadura. Bosque en inglés se dice *forest*. En español tenemos diversas palabras relativas al bosque que vienen de ese vocablo inglés: forestal (relativo al bosque), reforestar (sembrar árboles donde antes se han cortado). Bosque es palabra de cuento infantil, en el bosque andan Blancanieves (*Snow White*) y Caperucita Roja (*Little Red Riding Hood*).

¿De qué está hecha la muchacha (*girl*)?

Describir una muchacha a la manera italiana; es decir: con todo lujo. El procedimiento viene de Petrarca.

Los cabellos (*hair*) han de ser de oro (*gold*). Puedes también decir el cabello de la muchacha, pero no el pelo y menos los pelos, lo que es muy vulgar. Cabello es sólo el de la cabeza. De algo inverosímil, poco plausible, demasiado artificioso, se dice que está «jalado de los pelos» (*pulled its by hair*). En México, aunque es vulgar, cuando se dice de algo que «está de pelos» equivaldría a calificarlo con las expresiones *fantastic* o *very good*, en inglés.

Su frente (*forehead*) debe ser de marfil (*ivory*). En español, la palabra frente tiene las muchas acepciones de *front* en inglés, las mismas exactamente. Esta diversidad constituye un argumento más en favor de fijar el significado por el uso, y no por la referencia.

Los ojos (*eyes*), por supuesto, son estrellas (*stars*). Esos ojos de los que describe Petrarca: «Amor no tendió nunca su arco sin hacer blanco».

Las pestañas (*eyelids*) son de ébano (*ebony*).

Los labios (*lips*) de coral (*coral*). La palabra coral también puede significar en español algo relativo a un coro (*chorus*).

La boca (*mouth*) es de fresa (*strawberry*). De aquí el memorable verso de Góngora: «La dulce boca que a gustar convida».

Sólo nos restan el cuello (*neck*) de alabastro (*alabaster*) y el cuerpo (*body*) de mármol (*marble stone*).

Al poeta enamorado se le antojaría, desde luego, enumerar otras partes muy preciadas del cuerpo de la amada; pero la discreción, el grave decoro de Petrarca, aconsejan de modo terminante no hacerlo.

Primer juego: inventar seres con sólo palabras

Si te digo coche de juguete (juguete = *toy*, coche = *car*, lo que da *toy car*) entiendes a qué me refiero: un coche pequeño, de cuerda o baterías. Y con esto, tan poco, tenemos suficiente como para, sin ser magos, inventar algunos seres. «Coche de juguete» es un grupo muy usual de palabras que designa un objeto también muy usual; pero para inventar tienes que buscar lo que no es usual, formar nuevas combinaciones de palabras. Por ejemplo:

1. Hormiga (*ant*) de juguete (*toy ant*). ¿Cómo sería? Aquí tienes un nuevo ser, interesante pero modesto. Tratemos de ser inventores más ambiciosos.

2. Mar de juguete (*toy sea*). Esto ya es algo. Imagina que el mar de juguete tiene un huracán de juguete (*toy hurricane*), con vientos, rayos y truenos, para accionarlo a voluntad. ¿Y qué barcos de juguete (*toy ships*) navegan en ese mar? Este tempestuoso mar de juguete es un segundo ser. ¿De qué tamaño lo imaginas?

3. Ahora imagina que alguien te dice «el niño está jugando con la mano de juguete» (*the boy is playing with the toy hand*). Tiene un cierto toque siniestro: ¿qué es lo que hace esa mano? Imagínala de color verde papagayo. Una boca de juguete (*toy mouth*) que pueda hablar es más difícil de imaginar ¿Comó la aíslas?, ¿cómo la haces objeto autónomo? Paremos aquí, nos estamos acercando a crear un Frankestein de juguete.

21

Ahora observa esto, en inglés to *play* (jugar) y *toy* (juguete) son palabras completamente distintas; en cambio, en español juguete deriva del verbo jugar, al igual que los sustantivos juego (*game*), jugador (*gambler*) y el adjetivo juguetón (*playful*). Así que podemos decir «el juguetón jugador juega un juego con un juguete» (*the playful gambler plays a game with a toy*).

4. Sigamos. Piensa en humo de juguete (*toy smoke*) o en algo más sutil aún que el humo, por ejemplo: una pasión de juguete (*toy passion*).

Todos éstos son seres nuevos, inventados. Ahora encuentra tú cuatro criaturas interesantes, por favor, con la expresión «de juguete». En español, de ser posible.

5. Una variante del juego. Tenemos hormiga de juguete y mar de juguete; y así podemos crear ahora un ser uniendo las palabras que no se repiten. De este modo hacemos una hormiga de mar. Los matrimonios entre palabras aparentemente desconectadas crean nuevos seres, como esta curiosa hormiga marina (de mar = marino). ¿Una especie de langosta (*lobster*)? No sé. Pero que no separen los hombres lo que el juego ha unido en santo matrimonio.

Trabajando como casamentero o casamentera (*matchmaker*) de palabras, ¿qué otras bodas interesantes puedes hacer con las que hasta ahora hemos usado en español? Por favor, celebra esas bodas de papel en español (*in spanish*) y por escrito, para que luego no haya problemas.

Un juego más complicado

Shall I compare you to a
summer's day?
Shakespeare (Sonnet 18)

Cuando inventas un ser con palabras creas un artefacto verbal (*verbal artefact*). El mar de juguete es un pequeño artefacto verbal. Otros muchos artefactos verbales pueden, desde luego, crearse. Y los creamos todos los días. En español, por ejemplo, se dice a veces «Juan viene muerto de cansancio» (*John comes dead of fatigue*). Y claro que no interpretas que lo traen en un ataúd (*coffin*), ya cadáver (*corpse*), sino sólo que Juan viene muy cansado.

A esa operación de comparar una cosa con otra, de crear una equivalencia, la llamamos metáfora (*metaphor*), como cuando dices «las manos del pianista se movían como arañas sobre el piano» (*the hands of the pianist were moving like spiders on the piano*).

La metáfora responde a la pregunta «¿como qué?», (*as what?*). Por ejemplo, si dices lo poco que quieres a alguien, puedes decir «lo quiero como a la lepra» (*I love him as I love leprosy*); y si dices «Juan es activo como...» (*John is active as...*), ¿con qué puedes hacer la comparación para indicar qué tan activo? Piensa un poco.

Podrías decir: «Juan es activo como una licuadora» (*John is as active as a blender*).

Ahora, la comparación —esto es, la metáfora— varía de valor. Puede ser inquieta o inventiva; o puede ser obvia, muy conocida y hasta tonta. Si dices «él es alto como una

23

montaña» (*he is high as a mountain*), de seguro no te haces famoso ni alcanzas la gloria literaria.

Pero tampoco hay que tratar de buscar todo el tiempo lo raro y exótico, porque lo que dices cansa y se vuelve amanerado. Aquí justamente está la dificultad, en hallar un término medio que sea natural y lleno de inventiva, en lugar de un esperado y aburridísimo (aburrido = *boring*; aburridísimo = *very boring*) lugar común.

Juego de artefactos verbales:
¿como qué?

1. Orgulloso como qué (*proud as what?*)

Decir «orgulloso como pavo real» (*proud as a peacock*) es muy común, esperado, pero pasa.

«Orgulloso como montaña solitaria» (*proud as a lonely mountain*) está mejor, aunque suena un poco cursi (*clumsy*). Observa que es inaceptable ligar montaña con alto (*high*), pues ¿qué puede ser una pobre montaña sino alta? Es más interesante que esté casada con orgulloso, porque esta última palabra aporta algo, te informa, te hace ver las cosas un poco de otro modo. Una medida de calidad: mientras más aporte tu metáfora mejor será.

Ahora dime tú: ¿orgulloso como qué? Escribe en español tu metáfora.

2. Perfecto como qué (*perfect as what?*)

La palabra perfección (*perfection*) es complicada. Por ejemplo, ¿puedes citar algo que por su naturaleza no pueda alcanzar perfección? Así que haz ahora una metáfora con esta palabra: ¿perfecto como qué?, ¿qué se te ocurre?

Podrías decir: «perfecto como un alfiler», haciendo una metáfora minimalista y esencial. Porque al alfiler nada le sobra ni le falta, es sencillo, esencial. Y en efecto, si a una cosa nada le sobra ni le falta se trata en cierto modo de algo perfecto. La metáfora aporta algo, te hace ver algo, tanto del alfiler como de la perfección, con una nueva visión (*a new vision*).

Un poeta podría decir:

Está la noche clavada	*The night is nailed*
con alfileres de plata.	*with silver pins.*

Con lo que haces del humilde alfiler una estrella (*star*). Ésa es otra metáfora, ya más complicada: una cosa se convierte en otra. Por su naturaleza y su simplicidad podríamos decir que si hay algo desnudo (*naked*) eso es un alfiler. Rubén Darío escribió:

«De desnuda que está, brilla la estrella.»
So naked is the star that shines.

Así que estamos en el mismo juego verbal. Pero tú qué nos dirás: ¿perfecto como qué? Escribe en español tus respuestas (y te aconsejo, claro, buscar algo muy simple: un globo —*balloon*—, tal vez una cuchara —*spoon*—). Inténtalo.

3. Dice el verso de un gran poeta mexicano, José Gorostiza:

«El ulises, salmón de los regresos.»
Ulysses, salmon of returns.

La equivalencia es aquí entre el mundo legendario, de la fantasía, y el mundo natural: el salmón es un Ulises y vive su odisea; y también Ulises es un salmón urgido por el instinto, navegando de regreso, río arriba.

Ya tenemos a Ulises, el salmón; ahora, ¿con qué animal compararías tú a Aquiles? Escribe tu verso en español.

4. ¿Con qué compararías el crepúsculo (*sunset*)? «Demagogia de la naturaleza», dijo de él Heine; pero eso no es una metáfora sino un juicio directo. ¿Qué equivalencia po-

drás hacer? Piensa un poco antes de oír dos respuestas. Dice Rubén Darío (otra vez citado aquí):

«Como un rey oriental, el sol expira.»
As an oriental king, the sun expires.

Este último es un verso sobre el lujo (*luxury*). Los reyes orientales —por ejemplo los Reyes Magos— viven en el mayor lujo. Y así es el crepúsculo: gran espectáculo, con los más lujosos colores. Lujoso, como un rey oriental, muere el sol. Observa que no dice morir (*to die*), sino expirar (*to expire*), esto es: lanzar «el último suspiro» (*the last breath*).

«Muera el sol como tigre eterno.»
Let the sun die as eternal tiger.

Porque el crepúsculo tiene un poco los colores del tigre, un tigre silencioso y extendido que devora la luz del día. Observa que lo que es eterno no puede morir; y, sin embargo, del sol dice el poeta (el argentino Lugones, muy notable escritor) que es eterno y que muere. Porque vuelve a nacer cada día, eternamente (*eternally*), en figura poética, no astronómica o científica.

Pequeña conclusión preliminar

Al resultado del juego de crear artefactos verbales, cuando alcanza toda su complejidad y poder (*power*), se llama poesía (*poetry*). Los llamamos verbales porque están hechos de palabras y los llamamos artefactos porque son útiles, fabricados para hacer algo, como todo artefacto. ¿Cuál es su función (*function*)? Su función es dar expresión a las emociones (*emotions*), ideas (*ideas*) y creencias (*beliefs*) del poeta (*poet*). Las emociones e ideas dispersas, confusas y amortiguadas en el poeta, cristalizan en los versos (*verses*); y si los versos son buenos, cobran ahí nitidez, intensidad. Ésa es la magia de la poesía. Ahora, la hazaña, el mérito, no están en la idea o la emoción preliminares, sino aparecen con el verso, el artefacto verbal. Sólo entonces cristalizan. Por lo tanto:

Primera regla: para disfrutar un verso no tienes que entenderlo (*understand it*), porque disfrutar en poesía es ya entender. Ocurre exactamente como en la música: cuando algo te gusta o no te gusta no andas preguntando qué quiere decir o qué significa.

Recordemos también ahora que, como ya observamos, el artefacto verbal tiene mérito cuando aporta algo; esto es, cuando produce una revelación (*revelation*). Llamemos a eso una visión poética (*poetic vision*). ¿Qué es eso? Los poetas tienen su modo de decir las cosas. Wordsworth dice, por ejemplo, que la visión poética se da cuando se baña el mundo (*the world takes a bath*) en la luz que nunca ha existido en mar o tierra («*in the light that never was on sea or land*»). La visión poética está atada a las palabras, a lo que de verbal tiene el artefacto, esto es a la selección, acomodo —u orden—, musicalidad y capacidad expresiva de las palabras. Ésa es la razón por la que la poesía es tan difícil —o casi imposible— de traducir.

Digamos nosotros, en nuestro lenguaje, que al crear un artefacto verbal «que aporta» algo interesante se produce una revelación.

Álbum de palabras en español

Gracias se dice *thanks* en inglés y se usa igual. Es el plural de gracia, una palabra de connotaciones teológicas y estéticas. En el primer sentido es don de Dios («La fe es gracia de Dios» = *Faith is God's grace*); en el segundo sentido podría traducirse como *charm* al inglés, y también como *funny*. De modo que gracioso (*with grace*) se traduciría al mismo tiempo como *charming, amusing, comic*. Las Gracias (*Graces*) eran en la mitología griega tres diosas hermanas que representaban la belleza, el encanto, la elegancia.

La palabra café, en español, puede significar *coffee*, en inglés; aunque también puede referirse a un color (*brown*) y al lugar donde se vende o sirve café. Observa que la palabra tiene un signo sobre la letra *e*. Se trata del tilde o acento ortográfico y marca cómo debe pronunciarse la palabra.

En inglés también hay acentos, pero no ortográficos. Si los hubiera la palabra se escribiría *cóffee* porque así se pronuncia.

Hay palabras que se refieren a cantidades: poco (*not much*), ¿cuánto? (*how much?*), poquito (*not too much*), mucho (*a lot*). En ellas notarás que poco es equivalente a no mucho y poquito es el diminutivo de poco. El diminutivo señala pequeñez, pedazo chico (*short, little*), chiquito, como también se dice con gran plasticidad.

Podría poner más palabras o expresiones en castellano (*from Castilla*). Castilla es una región de España donde se originó hace siglos el español, el que por eso se llama también castellano. Pero no conviene usar ambos vocablos porque poquitas palabras se recuerdan mejor que muchas.

Pero castillo, en masculino, con *o* al final significa *castle* en inglés. En general, las palabras terminadas en *a* son femeninas y llevan los artículos *la* —para el singular— y *las* —para el plural. En cambio, las terminadas en *o* son masculinas y llevan los artículos *el* y *los*, respectivamente. Te puede sorprender, pero en español, animales y cosas —todo, o casi todo lo que existe o puede existir— pertenecen a uno u otro género: masculino o femenino. La Luna (*moon*) es femenino, el Sol (*sun*) es masculino, el barco (*ship*) es siempre masculino y nunca femenino, como ocurre en inglés.

Sílabas

Vocales, consonantes y sílabas

Una vocal es una letra cuyo nombre es (*is*) ella misma. La vocal *a*, por ejemplo, se llama a, lo cual genera un monstruo lógico en el que el nombre no designa la cosa sino que ya el mero nombre es la cosa, el sonido se nombra a sí mismo. La palabra avestruz (*ostrich*) se refiere a ese animal de patas largas y fuertes. ¿Pero la *a* qué designa? A la propia *a*; esto es: signo y cosa son lo mismo.

Las vocales en español son cinco: a, e, i, o, u. Una vocal es independiente, autónoma, se pronuncia sin dificultad, se sostiene clara: «aaa», como exclamamos cuando estamos admirados. «Eee» decimos cuando no oímos bien: ¿eh, qué dices?

Una palabra en español en la que se emplean todas las vocales es murciélago (*bat*). ¿Puedes hallar una en inglés en la que ocurra lo mismo?

En la consonante, en cambio, el sonido no se sostiene, se hace confuso, precario. Si quieres pronunciar *l* o *m* necesitas la ayuda de una vocal. La consonante es letra con nombre distinto de su sonido. En español son 24 letras, y estos son los nombres: B (be), C (ce), CH (che, como en *chess*), D (de), F (efe), G (ge), H (hache), J (jota), K (ka), L (ele), LL (elle), M (eme), N (ene), Ñ (eñe), P (pe), Q (ku), R (erre), S (ese), T (te), V (uve), W (doble ve), X (equis), Y (y griega, *Greek y*), Z (zeta).

Toda palabra en español, como en inglés, está compuesta de sílabas. Cuando la letra *a* es palabra la llamamos preposición (a = *to*), como cuando decimos «voy a tu casa» (*I go to your house*). Entonces es palabra de una sola sílaba.

La sílaba es átomo verbal. No puede separarse sin deformar el sentido original de la palabra: ca-ma (*bed*) tiene dos sílabas porque *ca* se separa natural y fácilmente de *ma*, en cambio las sílabas *ca* y *ma*, por más esfuerzos que hagamos, no pueden desintegrarse sino en letras.

Una regla, entonces: ninguna consonante independiente es sílaba en materia de sonido, pues, como ya dijimos, necesita articularse con las vocales. Las vocales, en cambio, pueden formar siempre una sílaba sin necesidad de consonante, aunque por lo común las sílabas se forman de la articulación de vocales y consonantes en las palabras. Ya citamos el ejemplo de ca-ma; digamos ahora que, de acuerdo con lo anterior, la palabra ar-ti-cu-la-da (*articulated*) tiene cinco sílabas.

Cuando dos vocales están juntas integran una sola sílaba. Se llama a eso diptongo (*diphthong*). Piano (*piano*), por ejemplo, hace pia-no. Ello ocurre así a menos que un acento separe el diptongo: había (*there was*) es ha-bí-a.

Con esto tenemos.

Poesía (*poetry*)

Bien, salgamos del desierto de la gramática y regrese-
mos al jardín de los juegos. Cuando la invención de artefactos verbales se complica lo suficiente, al juego de crear-
los se le llama poesía (*poetry*). La principal complicación
es que la poesía atiende al valor sonoro del artefacto; es decir, a su musicalidad. Ahora, para captar la musicalidad o
valor sonoro de un verso en español, hay que entender en
primer lugar el número de sílabas que lo conforma. Esta
cantidad es lo que lo identifica. Por eso nos vimos obliga-
dos a explicar cómo se cuentan las sílabas en español.

Pero antes de empezar a jugar con sílabas conviene recordar que el artefacto verbal expresa siempre las ideas y
emociones del poeta. Un ejemplo: a nadie, que yo sepa, le
alegra hacerse viejo, nadie diría: «Me acerco a la anciani-
dad, a la decrepitud, qué bueno, fue siempre mi sueño dorado a largo plazo». No, por el contrario, la vejez más bien
asusta, enoja, entristece. Los poetas, que de todo son ca-
paces de hablar, en especial de lo más íntimo y personal
(para eso, en parte, sirve la lírica, para articular lo que
guardamos en nuestra interioridad), han hablado muchas
veces de la vejez. Así, Rubén Darío confiesa:

> Con el cabello gris me acerco
> a los rosales del jardín.
> *With grey hair I come near*
> *the rose bushes in the garden.*

Lee con cuidado estos versos. Importa tanto en ellos lo que dice como lo que no dice el poeta, lo que calla y no declara pero está presente. Ése es el valor artístico de la sugerencia (*the suggestion, the hint*). El dolor de la vejez no está declarado, sino sugerido (*suggested*); y esa discreción le da fuerza y hermosura al verso.

El valor de la sugerencia es más claro aún en estos versos de Wallace Stevens:

Mrs. Stevens and I went out for a walk yesterday,
afternoon. We walked to the end of westerly terrace,
and she turned left and I turned right.
La señora Stevens y yo salimos a pasear ayer
por la tarde. Caminamos hasta el fin de la terraza oeste
y ella dio vuelta a la izquierda, yo a la derecha.

Se describe una separación; pero por lo que calla adrede, el poeta nos la presenta aislada, digamos que químicamente pura. Por eso gana profundidad y hermosura.

Puse los dos anteriores ejemplos de versos tranquilos (*quiet verses*) porque mucha gente cree, equivocadamente, que los versos se escriben en estado de agitación, entusiasmo o cuasi demencia, que se deben usar grandes palabras (sangre *blood*, huesos *bones*, alma *soul*) y declarar, declarar y volver a declarar con energía esto o lo otro. Pero no. No es lo mismo hablar que gritar; y así como hemos visto, hablando tranquilamente, pensando, se hace la poesía. No hay cosa más importante al crear arte que saber restringirse; porque las restricciones, los límites que te impones, constituyen en gran parte tu estilo. Piensa en Mondrian o en Rothko, grandes pintores, nacidos de grandes restricciones. Mondrian no usaba siquiera líneas curvas porque creía que las curvas eran «demasiado emocionales».

Pero volvamos a la vejez. Voy a poner otro ejemplo de

versos con el mismo tema. Esta vez son de una mujer, una poeta del siglo XIX, de Galicia, en España. Estos versos no son tranquilos, sino agitados, apasionados. Léelos y distingue en ellos lo declarado de lo sugerido.

Ahí va la loca, soñando
con la eterna primavera de la vida y de los campos.
Y ya bien pronto, bien pronto, tendrá los cabellos canos.
There goes the crazy woman, dreaming
of eternal spring in life and fields.
And very soon, very soon, she will have white hair.

El poeta cristaliza (*crystallizes*) lo que transcurre en su interior en el verso. Ahí se articula y queda fijo. Pero al hacerlo habla también de lo que nosotros sentimos, creemos y pensamos. Porque, hay que reconocerlo, la interioridad de todos los humanos es muy parecida. Eso es lo que nos permite captar lo anómalo o anormal cuando se da. Por eso en México se suele decir que «poetas somos todos» (*everybody is a poet*). Si bien, por desgracia, no todos igual de buenos.

Dijimos que los versos en español se distinguen, en primer lugar, por el número de sílabas que tienen. Ahora debemos expresar tres reglas (*rules*) para contar sílabas en el juego poético (*poetic game*):

1. Cuando una palabra acaba en vocal y la que sigue en el verso empieza también con vocal, formándose un diptongo, entonces las vocales se juntan en una de las sílabas. Pongamos dos ejemplo: *la araña* (*the spider*), con tres sílabas; y *la osa* (*the bear*), con dos. A eso se llama en español sinalefa (*synaloepha*).

2. Cuando la palabra con que termina el verso lleva el acento después de la segunda sílaba, contando del final para atrás, cuenta una sílaba menos. Por ejemplo, brú-ju-la (*compas*) u ho-rós-co-po (*horoscope*).

3. Y por último, cuando la palabra con que termina el verso lleva el acento en la última sílaba, el sonido alcanza inercia y se cuenta una sílaba más o extra. Por ejemplo: habló (*spoke*).

Ahora vamos con orden en los tipos de verso.

Versos de una sílaba

En español es lógicamente imposible el verso de una sílaba, porque se considera que una palabra monosilábica —por ejemplo no (*no*), tú (*you*), sí (*yes*)— es siempre acentuada, aunque el acento no se escriba. Y de acuerdo con la última regla anotada en el apartado anterior, siendo la única sílaba del verso es por tanto la última, entonces automáticamente se cuenta una sílaba más y el verso se vuelve de dos sílabas.

Versos de dos sílabas

Entonces, el verso más corto en español es de dos sílabas, un suspiro; mientras que el más largo admitido, un verdadero monstruo, tan interminable que parece que se pandea bajo su propio peso, es de veintidós.

«Noche» (*night*): verso de dos sílabas.

«En la ciudad callada y sola mi voz despierta una profunda resonancia» (*In the quiet and lonely city my voice awakes a deep sonority*): verso de veintidós sílabas.

En medio de estos dos extremos heroicos y pintorescos, por extravagantes, caben todas la posibilidades métricas en español.

Como ejemplo de poema corto (*short poem*), con versos de dos sílabas, en todas partes se cita uno de doña Gertrudis Gómez de Avellaneda que dice así:

Noche	*Night*
triste	*sad*
viste	*you saw*
ya,	*already*
aire	*air*
cielo,	*sky*
suelo,	*soil*
mar.	*sea.*

Algunos conocedores afirman que el verso de dos sílabas «no se sostiene», que no puede ser independiente

39

como verso si no se adhiere, se pega, al que sigue. Como sea, el poemita (*little poem*) de ocho versos que acabamos de citar tiene cierto ritmo. ¿Podrías por favor (*please*) hacer un poema con versos de dos sílabas, pero sólo con sonidos que no quieran decir nada? De esa manera vas a captar con claridad lo que te digo del ritmo.

Recuerda eso que dijimos de que el verso «no se sostiene», por corto. Y considera también que un verso de más de veintidós sílabas, por ser demasiado largo, se parte naturalmente en dos o en más, «no se sostiene», por largo. Tal es la razón por la que veintidós sílabas es un límite superior, según los expertos.

Versos de tres sílabas

Vamos creciendo. De la mariposa de dos sílabas, ingrávida, pasamos a los siguientes versos de tres sílabas de don Tomás de Iriarte (mi apellido con dos faltas de ortografía). Pero antes de citarlos hay que decir que composiciones con versos de tres sílabas, como las de dos, son muy escasas, raras, y nunca muy afortunadas, en español.

Que corren,	*That run,*
que saltan,	*that jump,*
que ríen,	*that laugh,*
que parlan,	*that talks,*
—debería decir hablan,	
parlar es anticuado—	
que tocan,	*that touch,*
que bailan,	*that dance,*
que enredan,	*that snarl,*
que cantan.	*that sing.*

Dirás, desde luego, que incluso vistos como fragmento de poema los versos anteriores son pésimos, sin interés, anodinos. Estoy de acuerdo. Pero nos dan oportunidad de decir algo acerca de la palabra *que*, la más común en castellano. Se trata, por ejemplo de la más usada en *El Quijote*, de Cervantes (Quijote, fíjate, tiene Q para que suene *Kehote*, en la fonética del inglés).

41

La consonante *q* en español sólo se usa seguida de los diptongos *ue, ui*. En el primer caso suena *ke* y en el segundo suena *ki* (como la palabra *key* —llave— en inglés). De modo que la *q* sirve para dar ese sonido; porque la consonante *c*, seguida de las vocales *e, i*, suena siempre suave, como *s*: celos (*jealousy*). Así pues *ce* y *ci* siempre son suaves.

La palabra *que*, cuando es pronombre relativo se traduce al inglés como *what*. Y cuando sirve para preguntar o exclamar va acentuada, como en ¿qué dices? (*what are you saying?*). Sin embargo, cuando esta palabra es conjunción se traduce como *that* (como en el caso de los versos citados hace dos párrafos).

Por esto último la palabra *que* se usa mucho, porque en español sirve para articular o unir, como en los siguientes ejemplos: te aviso que la casa está embrujada (*I tell you that the house is haunted*); te aviso que me voy (*I inform you that I'm leaving*).

En inglés puede suprimirse el *that* en muchos casos (*I tell you the house is haunted*); pero en español siempre hay que escribir y pronunciar el *que*. Ésa es una muestra de por qué el español se vale de más palabras que el inglés para decir lo mismo, de por qué el inglés es más económico.

También se usa la palabra *que* en los imperativos —o frases que implican una orden—, al igual que en peticiones, ruegos y muchos casos más, como verás en los siguientes ejemplos: tienes que hacerlo (*you must do it*); te suplico que te calles (*I beg you to shut up*); te pido que no vayas (*I ask you not to go*).

Por todo lo anterior te digo que ningún hispanohablante que no sea un calificado lingüista profesional te puede explicar los diferentes usos de la palabra *que* en español. Así que no te preocupes, con la práctica lo irás aprendiendo. Por eso te digo que la gramática no es buena guía para aprender un idioma, porque —la verdad— es demasiado difícil, rara y complicada como disciplina. Lo que creemos conocer de la gramática, fíjate, es de memoria, no por comprensión o razonamiento. Deducir algo en términos gramaticales, o pensar en términos gramaticales antes de hablar, es algo realmente difícil.

Versos de cuatro sílabas

Con esta medida empieza la diversión. Toma el ejemplo de estos pintorescos versos de la «Canción del pirata» (*The Pirate's Song*), de Espronceda, poeta romántico español. Parece al leerlos que estamos en una taberna de Barbados, la isla conocida también como Tortuga (*Turtle*):

> Veinte presas
> hemos hecho
> a despecho
> del inglés
> y han rendido
> sus pendones
> cien naciones
> a mis pies.

Podrías con esta medida, por ejemplo, hacer un poema que sea pintoresca receta de cocina:

Un tomate,	*One tomato,*
dos cebollas,	*two onions,*
cuatro peras	*four pears*
y un ciempiés.	*and a centipede.*

En el último verso *u* e *y* hacen sinalefa, por lo que *y un* cuenta como una sola sílaba; y como ciempiés lleva acento en la última sílaba, se cuenta una más. Total: cuatro sílabas.

Estos versos podrían ser, por ejemplo, la receta de una bruja (*witch*). Lo que aprovecho para abrir un paréntesis y comentarte que de la palabra bruja se ignora el origen en español. No viene del latín ni del griego. Y en el habla popular de México, curiosamente, la expresión «ando bruja» se traduciría del siguiente modo al inglés: *I am penniless*.

Breve intermedio: ser y estar

El español hace, de manera sencilla y común, una distinción filosófica (*philosophical*), en verdad *metafísica* (*me-
taphysical*), entre ser (*to be*) y estar (*to be in certain state or
place*). Por esta distinción se ha dicho, como explicaremos,
que el idioma español es espontáneamente existencialista.

Cuando el atributo pertenece de fijo al nombre o cosa,
se usa *es*: «La casa es roja» (*The house is red*). Pero cuando el atributo señala un estado transitorio, que está en el
nombre o cosa, pero se puede perder, se usa *está*: «Su ca-
ra está roja de vergüenza» (*His face is red with shame*). Si
dices que el rey es calvo (*the king is bald*), señalas que el
rey ya perdió el pelo definitivamente. Pero si dices que el rey
está calvo (*the king is bald*), señalas que en ese momento se
encuentra calvo o sin pelo —pelón (*hairless*), como se dice
en México—, pero que el pelo le va volver a salir (como si
dijéramos en inglés: *the king is bald for now*).

Veamos otros ejemplos. Cuando se dice que la silla *está*
rota (*the chair is broken*), no se indica una cualidad permanente de una silla —no se fabrican sillas rotas— sino que
a ésta algo le pasó y puede, tal vez, componerse. El atributo roto (*broken*) no es esencial a la silla, por eso se dice
está. Pero si decimos que la silla *es* de madera (*the chair is
made out of wood*), entonces sí indicamos una característi-
ca esencial y permanente de la silla y por eso empleamos
es. Si dices que el oso *es* gordo (*the bear is fat*) señalas que

46

todos los osos son gordos. Si dices que el oso *está* gordo (*the bear is fat*) señalas que necesita ponerse a dieta y hacer ejercicio (como si dijeras en inglés: «*the bear is fat for now*»). Aunque esto no puede suceder porque, según los zoólogos, ningún animal en libertad puede ser nunca gordo, excepto el animal humano.

Como ves, el verbo estar (*to be*) introduce el tiempo, el instante, la situación en el verbo ser (*to be*). Por eso se dice que la distinción es existencialista, porque expresa el tiempo en el ser. Y la doctrina existencialista dice algo como eso: que somos tiempo (*we are time*), que no sólo estamos en el tiempo (*we are not only in time, but we are time*). Ahora, la concepción de Sartre del humano puede resumirse diciendo: un humano nunca es, sino que siempre sólo está. El *es* te hace cosa y niega el dato inmediato de tu libertad, que aprecias en la conciencia de ti mismo. El *está* no te hace cosa, preserva tu libertad.

Si un marido le dice a su esposa: «No pidas tanto, Matilde, tu tío es un enfermo» (*Don't ask so much, Matilde, your uncle is a sick man*), le está diciendo que su tío es así, un enfermo, vale decir incurable. A esta inmutabilidad, sin tiempo, definitiva corresponde *es*. Pero si el marido le dice a su esposa: «Espera un poco, Matilde, tu tío está enfermo» (*Wait a little, Matilde, your uncle is sick now*), le está indicando que su tío está enfermo en ese momento (*now*), pero que tal vez se alivie pronto (*soon*). A la expresión de esta temporalidad corresponde el verbo *está*.

Está: atributo temporal, estado, situación. Hay temporalidad.

Es: atributo fijo, así es la cosa o persona. Definitivo. No hay cambio ni temporalidad.

Versos de cinco sílabas

Con esta medida de cinco sílabas podemos citar ya a un gran poeta. Se trata de Gustavo Adolfo Bécquer. Su poesía (*poetry*) es melodiosa y perfecta en sus límites. Lee, repite y trata de aprender de memoria estos cuatro versos suyos en español, para que descubras y retengas su musicalidad:

Quien fuera parte	*Who could be part*
de la plegaria	*of the prayer*
que solitaria	*that lonely*
mandas a Dios.	*you send to God.*

Otro poeta, grande, mujer, y además, santa escribió versos de cinco sílabas. Esto nos revela que se puede ser poeta y cualquier otra cosa: médico, criador de puercos, asesino, limosnero, hombre de negocios y hasta santo o santa (*saint*). Tal es el caso de esta famosa poeta: Teresa de Ávila, Santa Teresa, quien escribió este consuelo en versos de cinco sílabas:

Nada te turbe,
nada te espante,
todo se pasa.

Los dos poemas citados son buenos artefactos verbales, dicen algo con musicalidad, sin presumir, con sencillez. Ahora, manteniendo las cinco sílabas, improvisemos los siguientes versos diabólicos y angustiosos a partir de los de Santa Teresa, para decir lo contrario:

Todo te turbe,
todo te espante,
nada te pasa.

Una útil palabra española es *nada* (*nothing*). La nada absoluta es problema filosófico: ¿puede existir?, se pregunta el filósofo. ¿Cómo sabrías que existe? ¿Puedes aplicar el verbo existe (*exists*) a nada?

La palabra todo (*everything*), en cambio, es útil en lógica: para *toda* x hay una y tal que x = 2y, define una función (*function*) muy sencilla, tan sencilla como el verso de Santa Teresa.

Y desde luego, los versos de cinco sílabas son aptos para receta de cocina de bruja. Te doy el primero:

«Tres lagartijas»
Three lizards

En este espacio escribe tú otros en español.

Breve intermedio: álbum de palabras

Testamento (*testament*) y testimonio (*testimony*) son palabras que en español derivan de otra muy parecida: testigo, la que en inglés es muy distinta (*witness*). De modo que una expresión que en español utiliza dos palabras muy parecidas (el *testigo testifica*) en inglés se vale de palabras muy diferentes (*the witness testifies*).

La palabra española testigo (*witness*) viene del latín *testis* (que también quiere decir *witness*). De *testis* deriva una popular palabra, la palabra pro*test*ar (*protest*, ahí está el *testis*), que equivale a «declarar en voz alta, afirmar», y de la que deriva, por ejemplo, pro*test*ante (*protestant*).

En español de *testis* deriva también con*test*ar (*to answer*). Y *answer*, en español, también se traduce como responder. Responder es el enunciado de la acción, respuesta es el resultado de la acción de responder: «La respuesta está en el viento» (*The answer is in the wind*).

En español responder y contestar son sinónimos (quiere decir que pueden significar lo mismo). De modo que contestar es el enunciado de la acción y contestación es el resultado de la acción de contestar: «La contestación no me gustó» (*I didn't like the answer*).

Testigo (*witness*) es la persona que testifica. Testificar (*to testify*) es la acción que ejecuta el testigo. Testimonio (*testimony*) es lo que produce la acción del testigo.

Versos de seis sílabas

La poesía con sílabas contadas sirve para todo. En otros tiempos, el teatro se escribió siempre en sílabas contadas, en verso. El teatro en prosa fue una revolución enorme (que empezó en grande con la piezas realistas de Ibsen). Y no sólo el teatro, también en verso se escribieron tratados de ciencia, filosofía, agricultura y lo que quieras, hasta periódicos se escribieron en verso. De hecho, en literatura, primero en el tiempo fue la poesía. La prosa fue refinamiento posterior. La poesía, no se te olvide, tiene que ver con cantar y bailar. Con el ritmo del baile y la melodía del canto. No hay ni puede haber pueblo que no cante y baile.

Los versos de seis sílabas, de Bécquer otra vez, que te presento a continuación sirven para describir algo, una habitación.

La luz que en un vaso
ardía en el suelo,
al muro arrojaba
la sombra del lecho...

La estampa, la imagen visual, no es precisamente alegre. Es sombría: la luz de la veladora (*a candle in a little glass*) recorta la sombra de la cama; y la sombra baila en el muro a la luz vacilante de la vela (*candle*). Observa: con poco se da mucho, así es la buena poesía. Si una película empezara con esta escena, ¿cuál podría ser la escena siguiente?

También son de seis sílabas estos célebres versos medievales con los que el Marqués de Santillana inicia un poema:

Moza más fermosa
non vi en la frontera
como una vaquera
de la Finojosa.

Versos de sencillez encantadora, muy musicales, los del Marqués, personaje encumbrado y poderoso que descubre de pronto en el campo la belleza de una humilde pastora de vacas (vaquera). Son, como digo, muy célebres.

Rima

«Y la seda en la piel de la pantera» (*And the silk in the skin of the panther*), es un verso endecasílabo, es decir: de once sílabas (medida de la que ya hablaremos —y mucho— después), del poeta mexicano Salvador Díaz Mirón. El verso tiene tersa musicalidad, de seda (*silk*), justamente. Observa dos palabras: seda y pantera (*panther*). Ambas terminan con las mismas vocales: *a* y *e*, pero difieren en la consonante, *d* en seda y *r* (suave) en pantera. Cuando esto sucede, cuando dos palabras terminan con las mismas vocales, hay rima (*rhyme*) llamada asonante. Y cuando dos o mas palabras terminan con las mismas letras, vocales y consonantes, como por ejemplo en pant*era* y mad*era*, se produce la rima que se llama consonante. Así, seda y queda (*stay, remain, be left*) también tienen rima consonante.

La rima en general se establece en el final de verso y el de otro que viene después. Un ejemplo son los versos de cinco sílabas que ya vimos, de Bécquer, con rima consonante entre el segundo y el tercero:

> ¿Quién fuera parte
> de la pleg*aria*
> que solit*aria*
> dices a Dios?

Pero cuando la rima se produce en un mismo verso —como en el verso con que empezamos este apartado, de Díaz Mirón—, a ésta se le llama rima interna (*internal rhyme*). Ahora, el efecto de gran tersura, sedoso, que logra el verso, proviene sobre todo de la rima interna, acentuado por la suavidad casi líquida de la palabra piel (*skin*). Porque si dices «y la seda en el cuero de la pantera» (cuero = *leather*), el efecto sedoso se destroza y el verso se vuelve grotesco (cuero y pantera son palabras que chocan de frente).

La musicalidad de los versos preocupa mucho a los poetas. Y la rima ayuda a encontrar una solución, porque permite captar cierto ritmo, esto es, cierta manera de reconocer sonidos y organizarlos en patrones.

Durante años la rima fue parte indispensable del juego poético en el idioma español. La poesía era poco menos que inconcebible sin ella. Pero la poesía moderna empezó a ver la rima como adorno estorboso, demasiado artificioso, casi como prisión del sentido. Por eso ha abandonado poco a poco su uso.

Pero la rima emparenta —digamos: une en matrimonio— palabras que no tienen nada que ver unas con otras, lo que es uno de sus atractivos. Porque al emparentar palabras alejadas unas de otras, genera relaciones imprevistas, sorprendentes a veces. Y esto, generar relaciones sorprendentes entre las palabras, es parte del atractivo y gran gusto de la poesía. Veamos estos ejemplos: golondr*ina* (*swallow*), esqu*ina* (*corner*), madr*ina* (*godmother*) y gall*ina* (*hen*); pl*uma* (*feather*), s*uma* (*sum*) y p*uma* (*puma*); dinas*tía* (*dinasty*), cares*tía* (*scarcity*) y *tía* (*aunt*); cie*lo* (*sky*) y h*ielo* (*ice*).

Antes, cuando escribir versos era una actividad más popular que en estos desdichados tiempos, había «diccionarios de la rima»: tú buscabas una palabra y leías con qué otras podía rimar. Pero los buenos poetas confiaban, creo, en su inspiración y usaban poco ese tipo de diccionarios. Fíjate en estos versos del gran poeta mexicano, Ramón López Velarde:

Yo tuve, en tierra adentro, una novia muy pobre:
ojos inusitados de sulfato de cobre.

Lo más probable es que pobre y cobre no aparezcan como rima recomendada en un diccionario de rimas. Porque el sulfato de cobre es azul.

Versos de siete sílabas

Un antiquísimo poeta judío, Sem Tob de Carrión, escribió este cuarteto. Se llama cuarteto a un conjunto de cuatro versos, pero cuando los versos son de ocho sílabas recibe el nombre de cuarteta o redondilla. En español, por lo general, como ya dije, la palabra terminada en *a* es femenina y la terminada en *o* es masculina.

> El sabio con corona
> como león semeja.
> La verdad es leona,
> la mentira es gulpeja.

Gulpeja es una palabra muy anticuada para decir vulpeja, la que a su vez es muy anticuada para decir zorra (*female fox*). La verdad se exhibe y se escribe, como el león; en cambio, la mentira esconde y se esconde como la zorra. Los siguientes versos son de Lope de Vega y tienen cierta fama por sus juegos de palabras:

> Pobre barquilla mía
> entre peñascos rota,
> sin velas desvelada
> y entre las olas sola.

¿A dónde vas perdida,
a dónde, di, te engolfas,
que no hay deseos cuerdos
con esperanzas locas?

En español vela puede significar tres cosas en inglés: *wakefulness* (estar en vela toda la noche = *to be awake all night*), *candle* (encender una vela toda la noche = *to light a candle all night*) y *the sail of a ship* (ir en un barco de vela toda la noche = *to go in a sail ship all night*). De este modo, el verso «sin velas desvelada» juega con diferentes sentidos de vela: sin velas (la barquilla = *little boat*) y desvelada (sin velas o velos, pero también sin dormir, que es lo que desvelada puede significar). Y después juega con ola y sola(s), que son casi la misma palabra: entre las olas sola = *in the waves alone*.

Modesto, la verdad, fue el rendimiento con estos ejemplos, pero así llegamos a los versos de ocho sílabas que, por ser la medida más usual, la más popular, «la natural» en español —si vale la expresión—, merecen capítulo aparte.

Hasta ahora hemos avanzado paso a paso, hablando de detalles tal vez secos y mínimos, como quien viste una pulga. Me pareció didáctico empezar así, pero en lo sucesivo vamos a ir más aprisa, sin caer en detalles, atendiendo sólo a lo que puede ser más elocuente de la poesía en español.

Intermedio: un diálogo

En la tienda de animales:

—Pero señora, ¿qué le pasa?

—Ese perico me miró y dijo mi nombre y apellido.

—No puede ser, señora.

—¿Está usted diciendo que digo mentiras?

—No señora, de ningún modo. Sólo digo que este perico azul es ave muy rara y nos llegó ayer directamente de la selva impenetrable de Borneo. ¿Ha estado usted en Borneo, señora?

—Claro que no. No suelo frecuentar lugares que no estén debidamente pavimentados e iluminados con faroles.

—Mentirosa, bruta, brr, brr.

—¿Oyó usted?

—¿Qué, señora?

—El animal ése me llamó «mentirosa y bruta».

—Eso dijo, en efecto, pero ¿por qué piensa que se lo dijo a usted?

—Porque me miró a mí y antes dijo mi nombre.

—Señora, por favor, es un perico.

—Clementina Peabody es bruta, brrr, y mentirosa, brr.

—¿Oyó usted? Clementina Peabody es mi nombre y lo dijo claramente. Exijo que se aplique un correctivo a este animal.

—Lo siento, no podemos hacer eso.

—El perico me está insultando. Corríjalo. Aplíquele un escarmiento educativo.

—Señora, se trata de un ejemplar muy raro y muy fino que alcanza muy alto precio en el mercado. No podría, de ningún modo, pensar en maltratarlo. Lo siento.

—Voy a quejarme con el dueño del establecimiento.

—Quéjate, brr, brr, quéjate, puerca, brrr.

—¿Oyó usted eso?

—Señora, el dueño del establecimiento soy yo.

—Entonces me retiro ofendida, y le advierto a usted que no pienso regresar jamás a una tienda donde se carece de este modo de educación.

—Adiós, Clemen, brr, tómalo con calma, brr, brr, y salúdame a tu maridito, brrr.

Verso octosílabo (de ocho sílabas)

El verso de ocho sílabas, octosílabo (*octosyllabic*), es el Hércules de la métrica en español, capaz de todos los trabajos y todas las hazañas. En él pueden escribirse, y se han escrito, poemas épicos, teatro, canciones y, desde luego, también poesía lírica y didáctica (hoy tan olvidada).

Si un mexicano que no sabe poesía decide, en un arrebato sentimental, escribir unos versos, lo más probable es que los haga octosílabos, porque ésa es la medida espontánea, digamos, la naturalizada por la cultura literaria (por las canciones que ha oído desde niño, entre otras cosas).

Un ejemplo: la famosa novela de Cervantes, *El Quijote*, empieza con estas muy conocidas palabras: «En un lugar de la Mancha, de cuyo nombre no quiero acordarme» (*In some place of la Mancha, which name I don't want to remember*). Pues bien, «En un lugar de la Mancha» tiene ocho sílabas y dicen los eruditos que formaba parte de una canción popular en su tiempo.

Así es, con un poco de entrenamiento el octasílabo se construye él solo, en la cabeza (*it builds itself, in the head*), o tal vez sea mejor decir que en el oído (*in the ear*). Por eso, por su facilidad, se le llama verso de arte menor (*minor art verse*) y es el verso popular, no culto, por excelencia.

Cantar de Mío Cid
(*Song of Mío Cid, my Lord*)

El poderoso *Poema del Cid*, de autor anónimo, es el equivalente castellano del *Cantar de Roldán*, francés, del poema alemán de los *Nibelungos* o de *La Iliada*, de los griegos. Y es, como cada uno de ellos, insuperable en su género. Género admirable y misterioso, la poesía heroico-popular (*popular heroic poetry*) o épica (*epic*), a un tiempo primitiva y refinada, salvaje y caballeresca, es producto no tanto del ingenio individual (como el resto de la poesía) sino de cierto tiempo histórico, de batallas arcaicas, de cosa que empieza. El *Poema del Cid* destila gota a gota su época, en versos de rotunda y directa expresividad.

Pues bien, este grande y antiguo monumento (es un libro entero) está escrito en versos de ocho sílabas, pero escritos así:

De los sus ojos   tan fuertemente llorando
tornaba la cabeza   y estábalos mirando.

Dos partes separadas se llaman en español hemistiquios (*hemistichs*). En el caso de este poema son octosílabos predominantemente. Se supone que el poema corrió de boca en boca (su transmisión fue oral), cantado por juglares profesionales, antes de ser finalmente escrito, por eso las sílabas, a menudo, no están rígidamente contadas. «De los sus ojos», por ejemplo, tiene cinco sílabas, pero

61

«tan fuertemente llorando» tiene las ocho estipuladas. Pero ese descuido, esa libertad, es parte de su encanto.

Observa el arte con que está construido el artefacto verbal. Con los versos citados da comienzo el poema: un caballero, el Cid (voz árabe para decir señor, *master*, *lord*), desterrado injustamente por el rey (en este caso Alfonso), parte a su exilio. Corre el siglo XI en la España donde conviven, en complicadas relaciones, reinos árabes y reinos cristianos. El poema arranca con una acción dramática, a la mitad del asunto (*in media res*, decían los latinos). Como relámpago, sin perder tiempo en prólogo u otras consideraciones. El Cid está llorando porque deja sus tierras, sus posesiones y tiene que irse, y dice así el juglar (*minstrel*):

De los sus ojos	tan fuertemente llorando
tornaba la cabeza	y estábalos mirando:
viendo puertas abiertas	postigos sin candados,
los percheros vacíos,	sin pieles y sin mantos
y sin halcones	y sin azores mudados,
suspiró mío Cid	muy grandes
	[son sus cuidados.
Habló el Campeador,	siempre tan mesurado:
«Loado a ti, Señor,	padre que estás en lo alto
tanto mal contra mí traman	mis enemigos malos».
Ahí empiezan a espolear,	allí sueltan las riendas.
Ven al salir de Vivar	una corneja a la diestra,
y entrando en Burgos	la tuvieron siniestra;
alzó mío Cid los hombros,	sacudió su cabeza:
«Albricias, Alvar Fáñez,	pues de Castilla nos echan,
mas con gran honra	hemos de tornar a ella».

Primero una observación sobre el idioma. El español usado en el poema es tan antiguo como los hechos narra-

62

dos (se supone que el poema fue puesto por escrito unos 40 años después de los sucesos). Así que es preciso modernizarlo. Las ediciones del *Poema del Cid*, como las del *Beowulf* en la tradición literaria inglesa, suelen tener en una página la versión original, que con frecuencia no entendemos bien ni siquiera los que hablamos español, y en la otra página ofrecen la transcripción moderna, que es la que leemos.

Ahora quiero llamar tu atención sobre varios puntos del fragmento citado. (1) Observa con cuánta economía y eficacia expresa el poeta que las casas se quedan vacías: las puertas (*doors*) sin candados (*padlocks*), las perchas (*perchs*) sin colgaduras. El azor mudado es el halcón (*hawk*) adulto que ya mudó (*changed*) plumas, y se empleaba, como se sabe, en la caza de cetrería (*hawking*). (2) Advierte también que el Cid efectúa, como la cosa más natural del mundo, augurios (*predictions*) observando los movimientos de las aves: una corneja (*crow, fetlock*) a la diestra —es decir, a la derecha (*right*)— augura una cosa, se interpreta de cierto modo; mientras que una corneja a la siniestra —a la izquierda (*left*)— augura otra. Relacionemos con esto el hecho de que en español diestro quiere también decir hábil (*capable*) y, en cambio, siniestro puede significar también ominoso, catastrófico (*ominous, catastrophic*).

Ya tenemos que dejar el *Poema del Cid*. Lástima, porque está lleno de sutiles maravillas. Ezra Pound dice en un poema que el Cid tocó con su lanza Burgos (la ciudad española) y brotó de ella una niña. Es el episodio que sigue al cantar (*song*) que citamos, pero eso ya no podemos tratarlo aquí.

Romances

Imagina una comida en la corte de un rey, en la Edad Media. Al final del banquete un juglar (*minstrel*) canta un poema heroico-popular. Entonces ocurre lo siguiente, según explica Ramón Méndez Pidal, máxima autoridad en estas cosas: «los oyentes se hacían repetir el pasaje más atractivo del poema que el juglar les cantaba; aprendían de memoria, y al cantarlo ellos a su vez lo popularizaban, formando con esos pocos versos un canto aparte, independiente del conjunto: un Romance».

Eso es un Romance: un relato poético fragmentado en versos de ocho sílabas. Y de eso nace, del amor por el fragmento logrado, el episodio expresivo. Repara en dos cosas:

1. Todo Romance es una pequeña narración (*narration*); esto es, cuenta algo, una historia, un suceso y tiene personajes. No es, *prima facie*, poesía lírica (*lyric poetry*) —o sea aquella que expresa la interioridad del poeta, sus sentimientos, ideas o creencias— sino poesía narrativa (*narrative poetry*), poesía que cuenta una historia.

2. Los Romances viejos (*old ballads*) son de autor anónimo. Hay otros, los Romances nuevos (*new ballads*), de los que hablaremos más adelante, que tienen autor conocido; pero los viejos son anónimos. Por eso se dice comúnmente que los Romances «los hace el pueblo». Con lo que no se indica que sean «creación colectiva», cosa en arte

siempre difícil —si no es que imposible— sino que están compuestos por poetas individuales, desconocidos, anónimos, que se corregían y mejoraban unos a otros. La poesía tiene siempre algo, o mucho, de individual.

No todos los Romances viejos son fragmentos de antiguos poemas heroico-populares o épicos. Una vez que se estableció el gusto y predilección por el fragmento narrativo, empezaron a componerse Romances sobre diferentes sucesos de mayor o menor actualidad.

Pero leamos una de estas composiciones. La transcribimos aquí entera, como verás, vale la pena.

Romance de la amiga de Bernal Francés

—Sola me estoy en mi cama / namorando mi cojín;
¿quién será ese caballero / que a mi puerta dice: abrid?
—Soy Bernal Francés señora, / el que te suele servir
de noche para la cama, / de día para el jardín.
Alzó sábanas de holanda, / cubrióse un mantellín;
tomó candil de oro en mano / y la puerta bajó a abrir.
Al entreabrir de la puerta / él dio un soplo en el candil.
—¡Válgame Nuestra Señora, / válgame el señor San Gil!
Quien apagó mi candela / puede apagar mi vivir.
—No te espantes, Catalina, / ni me quieras descubrir,
que a un hombre he muerto [en la calle, / la justicia va tras mí.
Le ha cogido de la mano / y le ha entrado al camarín;
sentóle en silla de plata / con respaldo de marfil;
bañóle todo su cuerpo / con aguas de toronjil;
hízole cama de rosa, / cabecera de alhelí.
—¿Qué tienes, Bernal [Francés? / que estás triste a par de mí?
¿Tienes miedo a la justicia? / no entrará aquí el alguacil.
¿Tienes miedo a mis criados? / Están al mejor dormir.

—No temo yo a la justicia, que la busco para mí,
ni menos temo los criados que duermen su buen
[dormir.
—¿Qué tienes Bernal
[Francés? ¡no solías ser así!
Otro amor tenías en Francia o te han dicho mal de mí.
—No dejo amores en
[Francia, que otro amor nunca serví.
—Si temes a mi marido, muy lejos está de aquí.
—Lo muy lejos se hace cerca para quien quiere venir,
y tu marido, señora, lo tienes a par de ti.
Por regalo de mi vuelta te he de dar rico vestir,
vestido de fina grana forrado de carmesí,
y gargantilla encarnada como en damas nunca vi;
gargantilla de mi espada, que tu cuello va a ceñir.
Nuevas irán al Francés que arrastre luto por ti.

Advierte ahora con cuánta delicadeza va graduando el Romance el desarrollo de su asunto. Cada detalle en su lugar: «alzó sábanas de holanda», por ejemplo, denota la intimidad y la alcurnia de la señora. Es una tragedia en miniatura, traspasada de ironía, que alcanza sabor casi expresionista cuando el marido describe el presente que trae por regalo de su vuelta: «y gargantilla encarnada como en damas nunca vi».

La gargantilla es un collar ajustado (*necklace*), encarnada vale aquí por roja (*red*), de modo que la gargantilla encarnada es figura o metáfora del degüello que ella sufrirá a manos de su marido: «gargantilla de mi espada que tu cuello va a ceñir».

Alejandro Dumas, en *Los mil y un fantasmas*, va a aprovechar este detalle del siniestro collar rojo.

Así son los Romances, cristalinos, emocionantes, pulidos. Y son muchos. Hegel dijo de ellos que eran «un collar de perlas». Los Románticos, claro, los adoraron como muestras del más alto arte popular, ese que no cede ni disminuye ante ninguna comparación antigua o moderna. Para terminar vamos a copiar el Romance que, por su misterio, profundidad y airosa sencillez, se considera la cima en español, el más perfecto de todos. Es breve, habla de un extraño barco y de una canción, se llama *Romance del infante Arnaldos*:

¡Quién hubiera tal ventura   sobre las aguas del mar
como hubo el infante
    [Arnaldos   la mañana de San Juan!
Andando a buscar la caza   para su falcón cebar,
vio venir una galera   que a tierra quiere llegar;
las velas trae de sedas,   la ejarcia de oro torzal,
áncoras tiene de plata,   tablas de fino coral.
Marinero que la guía,   diciendo viene un cantar,
que la mar ponía en calma,   los vientos hace amainar;
los peces que andan
    [al hondo,   arriba los hace andar;
las aves que andan volando,   al mástil vienen posar.
Allí habló el infante
    [Arnaldos,   bien oiréis lo que dirá:
—Por tu vida, el marinero   dígasme ora ese cantar.
Respondióle el marinero,   tal respuesta le fue a dar:
—Yo no digo mi canción   sino a quien conmigo va.

Tipos de Romance

La inventiva poética del Romance floreció, siempre anónima, por algún tiempo. Por su contenido o asunto, se distinguen varios tipos de Romance:

1. El fronterizo, llamado así por la frontera (*frontier*), el lugar de encuentro del mundo cristiano con el árabe, siempre dramático.

Ocho siglos permaneció en España el invasor árabe. Un ejemplo son estos emotivos versos que hablan de cómo un rey cristiano, Juan codició una ciudad musulmana (Granada).

Granada si tú quisieses	contigo me casaría,
daréte en arras y dote	a Córdoba y a Sevilla.
Granada, si más quisieses,	mucho más yo te daría.
Allí hablará Granada,	al buen rey respondería:
Casada soy, rey don Juan,	casada soy, que no viuda,
y el moro que a mí me tiene	muy grande bien me quería.

Menéndez Pidal comenta: «la concepción poética de la ciudad sitiada como novia a cuya mano aspira el sitiador, es una manera de ver muy oriental que en el Occidente, en la Edad Media, no se encuentra sino en España y no en otras literaturas europeas». Es decir, este Romance del moro Abenamar nuestra influencia de la poesía árabe (que por allí se difundió, un poco, en Europa).

2. Los Romances carolingios, que cantan al viejo emperador Carlomagno y son doce pares, entre ellos, claro, el valiente paladín Roldán, quien murió en Roncesvalles (tema del cantar de gesta francés).

Cuenta Bernal Díaz del Castillo, en su *Historia verdadera de la conquista de la Nueva España* —libro insuperable—, que cuando divisaron por vez primera tierras mexicanas, en 1519, uno de sus acompañantes, al mirarlos animó a Cortés, el conquistador, con estos versos de un Romance Carolingio:

Cata Francia, Montesinos,
cata París, la ciudad,
cata las aguas del Duero
do van a dar a la mar.

A lo que Cortés respondió con rapidez citando otro Romance Carolingio:

Dénos Dios ventura en armas
como al paladín Roldán.

Tal era la popularidad en aquel tiempo de los Romances que los soldados así se comunicaban. Pero digamos aquí, de una vez, que es un enigma no desentrañado por qué los descubrimientos y conquistas de América y otros nuevos mundos, tan novedosos e impresionantes, no produjeron Romances, nada, ni uno solo.

Los artefactos verbales heroico-populares o Romances están llenos de misterio.

3. Por último están, claro, los Romances juglarescos, que vimos al principio de la sección, como el de Bernal Francés o el de Arnaldos, y de los que no vamos a hablar aquí.

Romances nuevos

Cuando un procedimiento artístico se agota, principia a repetirse y a amanerarse, signos los dos de pérdida de vigor (*force*), de inventiva creadora. Eso sucedió, al fin, con los Romances viejos. Cuando esto pasa los artistas buscan otros caminos para seguir adelante, porque lo propio del arte es avanzar, evolucionar hacia nuevos procedimientos estéticos.

Cuando la inventiva popular, anónima, del Romance empezó a dar signos de cansancio y esterilidad, los poetas cultos y con nombre de aquel tiempo (en el Siglo de Oro español, nada menos), Góngora o Lope de Vega, por ejemplo, tomaron por su cuenta el género y comenzaron a escribir Romances. Éstos son los llamados Romances nuevos (*new ballads*).

Cosa singular, muchos estiman que, pese a que estos poetas cultos son los mejores que ha dado el español, sus Romances son inferiores a los creados espontáneamente, podríamos decir que por el ingenio anónimo. Una de la razones de esa rara superioridad es que parte del encanto de los Romances viejos está en su ingenuidad (*naïveté*), cierta manera directa, fresca y primitiva, pero esencial, de narrar los sucesos. Y un poeta culto puede tenerlo todo, menos ingenuidad. Él es hábil, entendido, malicioso, cualidades que se oponen a la ingenuidad.

Como ejemplo vamos a transcribir aquí una cancioncita (*little song*) de Góngora en versos de seis sílabas (la misma medida que los versos del Marqués de Santillana que ya vimos). Se llama «La más bella niña» y es sencilla, cristalina y musical, como verás:

La más bella niña
de nuestro lugar,
hoy viuda y sola
y ayer por casar,
viendo que sus ojos
a la guerra van,
a su madre dice
que escucha su mal:
dejadme llorar,
orillas del mar.

Pues me diste, madre,
en tan tierna edad
tan corto el placer,
tan largo el penar,
y me cautivaste
de quien hoy se va
y lleva las llaves
de mi libertad.
Dejadme llorar,
orillas del mar.

En llorar conviertan
mis ojos de hoy más
el sabroso oficio
del dulce mirar,
pues que no se pueden
mejor ocupar
yéndose a la guerra

quien era mi paz.
Dejadme llorar,
orillas del mar.

No me pongáis freno
ni queráis culpar,
que lo uno es justo,
lo otro por demás.
Si me queréis bien
no me hagáis mal;
harto peor fue
morir y callar.
Dejadme llorar,
orillas del mar.

Dulce madre mía,
¿quién no llorará,
aunque tenga el pecho
como un pedernal,
y no dará voces
viendo marchitar
los más verdes años
de mi mocedad?
Dejadme llorar,
orillas del mar.

Váyanse las noches,
pues ido se han
los ojos que hacían
los míos velar;
váyanse, y no vean
tanta soledad
después que en mi lecho
sobra la mitad.

Dejadme llorar,
orillas del mar.

El Romance está bien, pero, como dijimos antes, el poeta culto, cerebral, calculador, no puede alcanzar la ingenua espontaneidad del poeta popular. De igual modo que el músico culto, que compone música clásica, no alcanza la espontánea vitalidad de los grandes maestros del jazz.

El Corrido mexicano

No hay producto artístico más característico de México que el Corrido. Un Corrido es una canción (*song*), se canta —no se recita— generalmente con acompañamiento de guitarra. Su letra es un Romance (*ballad*), en versos de ocho sílabas, como dijimos, que narra sucesos de actualidad, casi siempre violentos.

Muy hermosos son los corridos de la Revolución Mexicana: poemas épicos en miniatura que cantan la valentía y el destino, a menudo adverso, de diferentes personajes de ese momento histórico. El Corrido es la versión mexicana del Romance español. Si México tiene algo como alma (*soul*) o esencia, ésta se encuentra en los corridos.

Ahora veamos un ejemplo comentado. Se trata del Corrido de Rosita Alvírez, que es anónimo (porque los mejores corridos, como los mejores Romances españoles, son creación popular, esto es, anónima).

> Año de mil novecientos,
> muy presente tengo yo,
> en un barrio de Saltillo
> Rosita Alvírez murió.

Es regla del corrido, no siempre obedecida, empezar señalando tiempo y lugar. En este caso, la fecha es 1900, y el lugar Saltillo, ciudad del norte de México. Luego debe darse el nombre del protagonista. En este caso es Rosita, diminutivo cariñoso de Rosa (*Rose*), apellidada Alvírez. Ahora entremos al asunto.

> Su mamá se lo decía:
> —Hija, no vayas al baile.
> Mamá no tengo la culpa
> que a mí me gusten los bailes.

Muchos Corridos y Romances se refieren a estas premoniciones o, como se dice en español, «corazonadas» (derivado de corazón —*heart*—, aviso del corazón). Rosa por un lado, tiene razón: nadie elige sus deseos. Pero por otro lado se muestra terca; y, lo que es peor, desobediente.

> Hipólito llegó al baile
> y a Rosa se dirigió.
> Como era la más bonita,
> Rosita lo desairó.

El antagonista de la tragedia en miniatura es Hipólito. El baile está en su apogeo. Hipólito solicita bailar con Rosita; Rosita, envanecida porque es la más solicitada para bailar, lo rechaza. Y este desaire (*slight, disdain*) lastima profundamente el orgullo de Hipólito, quien pide a Rosa:

> Rosita no me desaires,
> la gente lo va a notar.

Pero Rosita, de quien ya sabemos que es terca y malcriada, le contesta, como a la madre, de mala manera:

> Pues que digan lo que quieran,
> contigo no he de bailar.

Y así se anuda el drama, porque Hipólito:

> Echó mano a la cintura
> y una pistola sacó,
> y a la pobre de Rosita
> nomás tres tiros le dio.

Nomás es apócope vulgar de nada más (*nothing more*). La ironía burlona de este último verso crece en el cuarteto siguiente:

> La noche que la mataron,
> Rosita andaba de suerte.
> De tres tiros que le dieron,
> nomás uno era de muerte.

Los Corridos, como las obras de Shakespeare, suelen tener un cierre o despedida, sólo así están completos.

> Hipólito está en la cárcel
> dando su declaración.
> Rosita ya está en el cielo,
> dándole cuenta al Creador.

Ahora repite en voz alta estos octosílabos muy conocidos en México:

> Si me han de matar mañana,
> que me maten de una vez.
> *If I have to be killed tomorrow,*
> *let them kill me right now.*

La traducción es muy literal y apenas refleja el ingenio popular del original español. «De una vez» es una expresión popular para decir en este mismo instante (*in this very moment*). Pero sin la *de*, «una vez» puede traducirse al inglés como *one time* o *once*. De este modo, «una vez en la vida» equivale a *once in a lifetime*.

Como en México hay cierta tendencia cultural a postergar cosas, a dejarlo todo para mañana (de aquí las expresiones y los mitos de siesta, fiesta y mañana —*nap, party and tomorrow*, literalmente), la expresión «de una vez» se usa para corregir esa tendencia: hazlo de una vez (*do it right now*).

Ahora, lo interesante es que los dos últimos versos citados, arrogantes y casi locos, pertenecen a una canción de amor que antes de ellos dice:

> Dicen que por tus amores
> la vida me han quitar...
> *They say that for your love*
> *they are going to take away my life.*

Notemos que el verso dice amores, en plural. Los amores (*the loves*) de esa mujer que se llama Valentina son peligrosos, prohibidos. Pero el cantor tanto la quiere que no le importa jugarse la vida (*to risk his life*). Entonces, en respuesta a ese peligro, canta eso de «si me han de matar mañana, que me maten de una vez».

Y la arrogancia que hay ahí se redime y disculpa por el amor apasionado que la impulsa.

> Una pasión me domina
> y es la que me hizo venir,
> Valentina, Valentina,
> yo te quisiera decir...

Más claro ni el agua: versos de ocho sílabas (Valentina tiene cuatro sílabas, repetido dos veces suma ocho); venir y decir son palabras agudas, por lo que se suma una sílaba en los versos que terminan así; y la rima es consonante: Valentina y domina, venir y decir.

Así, pues, se desarrolla uno de los más famosos Corridos mexicanos:

> Una pasión me domina
> y es la que me hizo venir,
> Valentina, Valentina,
> yo te quisiera decir...
> Dicen que por tus amores,
> la vida me han de quitar,
> si me han de matar mañana,
> que me maten de una vez.

La canción sigue, pero esta muestra es suficiente.

Para terminar, por desgracia, el tema del Corrido quisiera citar unos versos del que se llama «La cárcel de Cananea» (*The Jail of Cananea*), donde figura una palabra de origen inglés. Cananea es un pueblo minero en el norte de México y los versos dicen así:

> Me agarraron los sheriffes
> al estilo americano.
> Como era hombre de delito
> todos con pistola en mano.

Ahora agrego un pequeño detalle de sociología policiaca. Las minas de Cananea eran propiedad de la *American Smelting Co.*, una empresa estadounidense. En ellas estalló a principios del siglo XX una huelga que fue reprimida por la policía de la mina, integrada por ciudadanos de origen estadounidense. Los sucesos tuvieron lugar poco antes del comienzo de la Revolución Mexicana y fueron emblemáticos del desorden y la injusticia sociales que entonces reinaban en el país.

Un juego chino

La poesía sólo se aprende haciendo un poco de poesía. Esto es, probando tu habilidad para escribir versos. Mucha o poca, eso no importa, lo que importa es ejercer la capacidad de jugar con las palabras con fines estéticos (*to play with words with aesthetic aims*). El objetivo no es que llegues a ser un gran jugador, sino que entiendas el juego y puedas apreciarlo. Entender poesía no es otra cosa que tener capacidad de disfrutarla, de emocionarte con ella.

Vamos a hacer un poco de poesía. Vamos a jugar un juego que llamaremos poesía oriental (*oriental poetry*), de China y Japón, para ser precisos. En chino, como sabes, a cada palabra corresponde un carácter. Por ejemplo, algo como λ significa hombre (*man*). El famoso conocedor del chino, Ernest Fenollosa, anotaba debajo de cada carácter lo que éste quería decir. Y quedaba algo como, por ejemplo:

Solo	grulla	regresa	muy	tarde
Ocaso	cuervos	ya	llenan	bosque
Alone	*crane*	*return*	*very*	*late*
evening	*crows*	*already*	*fill*	*forest*

Claro que estas diez palabras, así puestas, no forman un buen poema. La viuda de Fenollosa le entregó a Ezra

Pound estas traducciones de los caracteres que había hecho su marido y Pound hizo con ellas hermosos poemas. Éste es, en su versión simple, el juego al que llamamos poesía oriental.

Es versión simple porque se dan dos cosas: (1) diez palabras y (2) el orden en que van acomodadas. En la versión compleja del juego, se dan las palabras sin orden ninguno, barajadas, y con ellas se construye el verso.

A. C. Graham hizo, con las diez palabras que anotamos arriba, esta composición:

> _The_ solitary crane returns!
> _Twilight_ crows already fill _the_ forest.
> (La grulla solitaria regresa.
> Cuervos vespertinos ya llenan el bosque.)

Observa que están subrayadas en los versos las palabras en inglés que no figuran en el original chino. Son pocas, pues mientras menos se añadan mejor.

Ahora, arregla tú una composición, de preferencia en español. Aquí están las palabras en inglés y en español:

Imperio	Roto	montañas y ríos	permanecen
Empire	_broken_	_mountains and rivers_	_remain_

Primavera	ciudad	yerbas y árboles	espeso
Spring	_city_	_grass and trees_	_thick_

Toma lápiz y papel y escribe tu poema chino.

Este poema posible, estos elementos para hacer un poema, me recuerdan una observación de Van Gogh a su hermano Theo en una carta. Dice algo así (cito de memoria): «Las cigarras, amadas por Sócrates: los imperios se alzan y caen y las cigarras siguen cantando». ¿Cómo pon-

81

drías esta observación de Van Gogh en este modelo de poema oriental? He aquí una muestra:

Sócrates sonríe oyendo a las cigarras:
Imperios surgen y desaparecen y las cigarras
[siguen cantando.
Socrates smiles listening the cicadas.
Empires arise and disappear and cicadas keep singing.

No, no quedó muy bien —por decir lo menos—, pero el intento se hizo. Y de eso se trata, ánimo, escribe unos versos.

Ahora, un juego más complicado: verso de cinco palabras, pero con las palabras en desorden, barajadas. Las palabras son:

Estanque	pájaro	frío	cruzar	sombra
Pond	*bird*	*cold*	*cross*	*shadow*

Anda, toma lápiz y papel y hazlo.

¿Por qué no quedó bien el poema inspirado en la carta de Van Gogh? Una de las razones es que entre el primero y el segundo verso no hay suficiente contraposición (*contraposition*) o contraste (*contrast*), o podríamos decir, si quieres, cierta sorpresa (*certain surprise*). Compara esas líneas con las siguientes:

La flor caída vuela de regreso a la rama:
una mariposa...
The fallen blossom flies back to its branch:
a butterfly...

Llegamos así al *haikú* o *hokku*, famosa forma de poemas cortos japoneses conformados por tres versos: de cinco sílabas el primero, de siete el segundo y de cinco el tercero, en teoría. El siguiente es un *haikú* del poeta mexicano José Juan Tablada:

Del verano roja y fría   *From the summer red and cold*
carcajada,   *burst of laughter,*
rebanada de sandía.   *slice of watermelon.*

Como ves, tanto la mariposa como la sandía de estos casos revelan algo, muestran algo con delicadeza. No es propiamente una adivinanza, lo que sería demasiado grueso, demasiado calculado. Se trata de algo más sutil, un suave contraste (*soft contrast*).

El *haikú* breve, conciso, esbelto, es como un destilado poético, un alcohol fuerte y suficiente, un *cognac* extraído del vino de la poesía común. Aunque tal vez sea desviado hablar así porque mucha gente percibe en el *haikú* cierto carácter etéreo, de cosa intangible y ligera, juguetona, lo que se capta al mirar un paisaje chino o japonés pintando con unos cuantos trazos sobre papel de arroz. Esto es el valor de la sugerencia delicada.

Caen los imperios
y en el estruendo,
las cigarras siguen cantando.

Está mejor así. Eliminemos al viejo Sócrates. Estas líneas hablan de la persistencia de la cigarra, de la naturaleza regular y eterna frente a la perecedera inquietud de los humanos. Basho, maestro japonés del *haikú*, nacido en 1644, destaca en un poema el aspecto contrario, a saber, la brevedad de la vida del insecto:

The cry of the cicada
Gives no sign
That presently it will die.
El canto de la cigarra
no da indicio
de que pronto morirá.

La cigarra es una especie de grillo de campo (de las que dice la Biblia, supongo, que comía Juan el Bautista con miel). La cigarra (en japonés se dice *semi*) vive pocos días pero no sabe que va a morir. El único animal que sabe que va a morir es el humano. Podemos ponerlo así en español:

En el canto del grillo   *In the song of the cricket*
no se oye   *we do not hear*
que el cantor pronto morirá *that the singer soon will die.*

Claro que este poema no está del todo bien. Sería mejor, por ejemplo, no repetir canto (*song*) y cantor (*singer*). Toma lápiz y papel e intenta mejorar estos tres sencillos versos. Si tratas, te darás cuenta de que es difícil. Pero cuando captes y experimentes esa dificultad entenderás mucho mejor lo que es la poesía. Porque la naturaleza de una disciplina o actividad cualquiera se capta cuando se entiende (se experimenta) dónde reside, en qué consiste su dificultad. Dado que sólo al captar su dificultad aprecias el mérito (*merit*) que hay en hacerlo bien. No entiendes el béisbol si no captas que batear un *home-run*, por ejemplo, o lanzar un juego perfecto, es difícil, y en el caso de esto último casi imposible.

Volvamos ahora al juego de armar un artefacto verbal interesante con palabras dadas en desorden. Teníamos estanque (*pond*), pájaro (*bird*), frío (*cold*), cruzar (*cross*) y sombra (*shadow*). El orden de la línea en el poema chino dice:

Pájaro   sombra   cruzar   frío   estanque

Como siempre, en chino (como sucede en el japonés) faltan las conectivas. En español habría que ponerlas y cambiar un poco el orden de las palabras. Entonces quedaría:

«La sombra del pájaro cruza el estanque frío.»

O bien, para que suene un poco mejor:

«Cruza el estanque frío la sombra de un pájaro.»

No está mal, me recuerda el título de un libro de poesía persa traducido por Robert Graves y alguien más. Allí un poeta persa, cuyo nombre he olvidado, escribe:

«La sombra de un pájaro en un techo de alabastro.»
The shadow of a bird in an alabaster roof.

En el verso chino el pájaro está visto desde arriba, y en el persa desde abajo. Puedes hacer variaciones con este tema. Por ejemplo, ésta es una, ciertamente dinámica:

La sombra de un pájaro en el humo de una locomotora en movimiento	*The shadow of a bird in the smoke of a [locomotive in motion.*

O esta otra, en el agua como en el poema chino, pero desde abajo, como en el persa:

85

Miraron los peces   *The fishes saw*
la sombra del pájaro *the shadow of a bird*
que cruzó el estanque *crossing the pond.*

Otra variante de éste sería la siguiente:

Se dibujó en el agua   *In the water appeared*
                         [the drawing
extraño pez instantáneo *of a strange instantaneous*
                                           [fish:
la sombra del pájaro.   *the shadow of the bird.*

U otra, más oriental, más *haikú*:

Extraño pez instantáneo,
sombra del pájaro que cruza el estanque.
Strange instantaneous fish,
shadow of the bird crossing the pond.

Está mejor. Quiero que observes cuánto gana el arfecto verbal cuando quitas (*take away*) palabras (*words*). Cultiva tu incomodidad hacia todo lo que puede sobrar, usa el menor número posible de palabras.

Extraño pez,
sombra del pájaro en el estanque.
Strange fish,
shadow of the bird in the pond.

Para terminar, volvamos al poema con el que empezamos. Decía:

Imperio   roto   montañas y ríos   permanecen
Empire *broken* *mountains and rivers* *remain*

Primavera	ciudad	yerbas y árboles	espeso
Spring	*city*	*grass and trees*	*thick*

Una versión puede ser la siguiente:

«El imperio, roto, la tierra, sin embargo, permanece.»
The empire broken, though the land remains.

Una versión en inglés, un poco diferente de ésta, dice:

A nation though fallen, the land yet remains.
When spring fills the city, the foliage is dense.
Aunque una nación caiga, la tierra aún permanece.
Cuando la primavera llena la ciudad, el follaje es denso.

A las dos versiones, según parece, les sobran las palabras. ¿Podrías adelgazarlas?

El endecasílabo: verso de once sílabas

Hemos examinado un poco el verso de ocho sílabas: el natural en español, como señalamos. Ahora demos un salto, pasemos por alto los versos de nueve y diez sílabas. Podemos hacer esas omisiones porque, después de todo, este libro no es un tratado, no tenemos obligaciones de totalidad o sistema y en él comemos no todo el menú, sino a la carta. Lleguemos pues al verso culto más fecundo que tiene el castellano: el verso endecasílabo (o verso de once sílabas).

Curiosamente la entrada del endecasílabo en España (vino de Italia) puede fecharse con precisión. En 1526 se encontraron en Granada el poeta Juan Boscán y Andrea Navageno, el embajador de Venecia ante la corte. Entonces conversaron y de esa conversación deriva el arranque del Siglo de Oro de la literatura española, porque según cuenta Boscán, Navageno le preguntó «por qué no probaba en lengua castellana sonetos y otras artes de trovas usadas en Italia». Y no sólo se lo dijo así, livianamente, sino que hasta le rogó que lo hiciese.

De las «trovas usadas en Italia» la más notable es el endecasílabo, instrumento maravilloso. En esa tradición se llama *soneto* a catorce versos endecasílabos acomodados de cierto modo (que ya veremos). Boscán era muy buen escritor (su traducción de *El Cortesano*, de Castiglione es, por ejemplo, admirable), pero no es un genio de las letras.

Y el nuevo artefacto verbal, para florecer, precisaba un genio.

Ese genio fue un amigo de Boscán a quien éste contó de la conversación con Navageno. Su nombre es Garcilaso de la Vega y es el poeta de suprema y cristalina maestría en la lengua española.

Expliquemos un poco un solo antecedente. Los poetas del Renacimiento suscitaron un paisaje campestre, un campo por completo idealizado, no realista, sino todo él artificio, lleno de elegancia. Un campo convencional, pastoril, de tapicería, «donde por juego a veces se desliza de la pluma una fina observación de la naturaleza» (Julio Torri) y donde se imitan y se traducen pasajes de libros clásicos, como los textos bucólicos de Virgilio.

En ese escenario extraño e idílico, se desarrollan algunos de los prodigiosos poemas de Garcilaso.

> El dulce lamentar de dos pastores
> Salicio juntamente y Nemoroso
> he de contar, sus quejas imitando;
> cuyas ovejas al cantar sabroso
> estaban muy atentas, los amores,
> de pacer olvidadas, escuchando.

Con estos seis versos da comienzo la *Égloga primera* de Garcilaso. Observa que todas las palabras son del lenguaje común. Aunque Salicio y Nemoroso son ahora dos nombres propios raros, inusuales, lo que el poema dice es muy sencillo: los dos pastores van a cantar (*sing*) sus quejas (*complaints*) de amor; es decir, van a hacer poesía (*poetry*). Y su canto (*song*) es tan dulce que hasta las ovejas (*lambs*), dejan de pacer (*pasture*), para oírlos (*listen*).

Lo extraordinario de estos versos no es lo que dicen, sino cómo están elegidas y acomodadas, ordenadas, las palabras. En eso radica su perfección, son máquinas verbales de aceitada musicalidad. Para decir «Salicio y Nemoroso van a cantar juntos», línea horrible si las hay, Garcilaso escribe «Salicio juntamente y Nemoroso», que es una solución feliz, sonora, fluida. Es imposible cambiar una palabra o modificar el orden de estos versos sin producir un destrozo estético. En esta imposibilidad es donde se aprecia su maestría.

El endecasílabo es verso flexible. Éste, de Lope de Vega, es endecasílabo:

> Vid, flor, voz, aura, abril, sol, luz, cielo, alma.

Dámaso Alonso dice que lo hizo por juego, pero cuéntalo y verás, son once sílabas. En manos de Garcilaso, el endecasílabo es musical:

> Flérida para mí dulce y sabrosa
> más que la fruta del cercado ajeno.

Flérida es nombre propio de mujer. Y todo mundo sabe que apetecemos lo que no es nuestro, muchas veces, más que lo propio.

Góngora hizo maravillas con el verso endecasílabo. Aquí está el ejemplo de los siguientes versos que (cosa que pareciera imposible) caen, se desploman ellos mismos. Se refiere a la ciudad de Toledo que, como se sabe, se posa en un monte y figura en la comedia «Las Firmezas de Isabela» (una de las dos que escribió Góngora):

> Esta montaña que precipitante
> ha tantos siglos que se viene abajo.

Con qué fuerza y claridad se expresa el descender, el rodar hacia abajo.

Pero ahora vamos a subir. El mismo Góngora —¿quién si no?— tienen endecasílabos ascendentes, como éstos:

> Sacros, altos, dorados capiteles,
> que a las nubes borráis sus arreboles.

Perfecto, con Góngora se siente muchas veces que no es posible llegar más lejos en las posibilidades expresivas del español. Arreboles son los tonos de color rojizo que cobra el cielo al atardecer y al amanecer.

Para despertar a una muchacha en la mañana, el Céfiro, viento de primavera, también llamado Favorio, corre las cortinas; pero las cortinas del viento, son de viento, por esto escribe Góngora este etéreo endecasílabo:

> Vagas cortinas de volantes vanos,
> corrió Favonio, lisonjeramente.

Esta delicada inventiva poética, esta compleja articulación musical, no puede alcanzarse en un verso octosílabo, es demasiado corto. Y acaso tampoco pueda hacerlo con versos de más sílabas. Así pues, el mágico endecasílabo da la medida exacta. Por eso es el verso culto en español por excelencia.

Quejas

Tal vez has observado que los poetas líricos se quejan mucho. Para eso, entre otras cosas, sirve la poesía: para quejarnos del mundo, del destino, del amor, de todo. El arte de la queja consiste en dos operaciones simultáneas:

1. Detener lo que se da en el tiempo, dejarlo fijo, en el verso: suspiro eternizado, digamos.
2. Y sacar lo que está dentro de ti, lo interno y subjetivo, a la realidad exterior, al mundo de todos.

No cabe duda de que estas operaciones traen cierto alivio al alma acongojada y sensible del poeta. Entre otras cosas porque lo que aparece en la interioridad (en el tiempo) es incierto, desarticulado, de perfiles evasivos, y al cristalizar en el verso se hace rotundo, claro y perfilado.

Por ejemplo, encuentras unas ropas de la persona que amas, y esa persona ya no está contigo. Te duele, en ese dolor van y vienen en tumulto muchas cosas; y qué dices entonces, ¿cómo te puedes quejar? Garcilaso dice esto (advierte, sobre todo, la claridad y aparente sencillez de los versos):

Oh dulces prendas, por mi mal halladas,
dulces y alegres cuando Dios quería.

Fíjate, el poeta no grita, está simplemente hablando: musicalidad impecable en estos versos a los que nada sobra. Está en ellos todo lo que hay que decir.

Diferentes, pero no demasiado, son estos versos de Pablo Neruda que en mi adolescencia toda mi generación aprendió de memoria:

> Puedo escribir los versos más tristes esta noche,
> escribir, por ejemplo, la noche está estrellada
> y tiritan azules los astros a lo lejos.

Porque es la adolescencia época de mucha y variada quejumbre. El alma se llena tanto de enormes sentimientos que parece que va a estallar. Y entonces el muchacho o la muchacha se sienta, en soledad (la soledad, tan preciada y al mismo tiempo temida por el adolescente), y escribe unos versos.

Pocos son los que, por desgracia, siguen en contacto con la poesía. Pero al menos vivieron ese acercamiento al arte de las palabras. No es el mejor, ciertamente, porque en él lo ocupa todo el sentimiento y no se equilibra, como debiera ser, con la habilidad expresiva. El adolescente es poeta romántico (*romantic poet*).

Digamos lo siguiente para precisar. En el poeta clásico hay equilibrio entre el sentimiento y la expresión, como en los versos que citamos de Garcilaso. En cambio, en el poeta romántico hay una tendencia hacia la exacerbación sentimental, la que predomina sobre la expresión, como en los versos de Neruda. En el poeta barroco, por otro lado, hay una tendencia hacia la complejidad expresiva y a cierta frialdad sentimental (como en los versos de Góngora).

Las tres tendencias han producido obras maestras. La clásica, curiosamente, es la más difícil de captar en su belleza por quien comienza, pues requiere para gustarla en todo su mérito de paladar fino y educado. Las otras dos son más llamativas y, a primera vista, elocuentes.

Góngora y el hipérbaton

Una tarde, Frank Bugden, escultor, le pidió a su amigo James Joyce, quien por entonces escribía el *Ulises*, que le contara cómo, haciendo qué, había pasado su mañana de trabajo. Joyce le respondió que la había pasado haciendo una sola oración. «¿Buscando las palabras?», aventuró Bugden. «No», explicó Joyce, «las palabras las tenía, lo que me pasé buscando fue el orden en que debía acomodarlas». El orden de las palabras es importante en literatura, en especial en poesía.

El procedimiento poético llamado hipérbaton (*hyperbaton*), conocido antiguamente como transposición, consiste en cambiar el orden habitual o familiar de las palabras en la oración con fines estéticos. Por ejemplo, el orden habitual en español es éste:

El cabello	es	verde.
(sustantivo)	(verbo)	(adjetivo)
The hair	*is*	*green.*

En general, el orden habitual es, desde el punto de vista artístico, el menos interesante. Y si quieres construir un buen artefacto verbal conviene cambiarlo.

Góngora dice de Glauco, un tritón hijo de Neptuno:

«Verde el cabello»
Green the hair

El verso es llamativo, habría sido horrible decir «el cabello de Glauco es verde». No hay gracia en eso. En cambio, «verde el cabello», tiene cierta elegancia.

Escribe Bécquer en la más popular de sus *Rimas*:

> Volverán las oscuras golondrinas
> en tu balcón sus nidos a colgar...

Fíjate en el segundo verso, tiene hipérbaton marcado. Habitualmente se escribiría «a colgar sus nidos en tu balcón», sólo que así no suena poético, se hace banal. Y de lo que se trata es de crear un artefacto sonoro y brillante. Y balcones no puede ir al final («sus nidos a colgar en tu balcón») porque la cadencia del verso se perdería al igual que en «sus nidos de tu balcón a colgar». Por eso sólo queda «en tu balcón sus nidos a colgar», el hipérbaton que usó Bécquer.

La poesía, cuando está bien hecha, parece inevitable. Porque, en efecto, el arte bueno genera una especie de necesidad interna. Alfonso Reyes anota en alguna parte que cuando oímos música de Mozart dan ganas de decirle «sí señor, sí, tiene usted razón en lo que dice».

El poeta que llevó el hipérbaton a su extremo de expresividad poética fue don Luis de Góngora. Esto, y otras cosas, hace su poesía difícil de leer, incluso en castellano. Pero vale la pena visitarlo un poco porque Góngora hace del idioma español una especie de joya resplandeciente. ¿Cómo? Separando lo que de ordinario va junto en español, para dos fines: hacer destacadas y notables las palabras al oírlas; dotarlas, al igual que a los versos, de la máxima musicalidad.

> Estas que me dictó rimas sonoras

Así empieza uno de sus poemas largos. Normalmente iría junto «estas rimas sonoras», y luego «que me dictó»; pero al separar —al «transponer», como decían antes— Góngora le da brío y rareza al verso. El artefacto verbal logrado es de lujo.

Góngora quería acercar la sonoridad del español a la del latín. En latín, se ha dicho, no hay hipérbaton porque puedes escribir las palabras en el orden que quieras (dicho de otro modo, no hay orden establecido). Y esa libertad reclamó nuestro poeta para el español.

Góngora es un poeta muy barroco. En seguida un ejemplo, cuando describe la cueva donde vive Polifemo, un gigante de un solo ojo, es decir, un cíclope. ¿Cómo describirías tú una cueva? Piensa un poco. No seas flojo (*lazy*). Y te hago notar que flojo es también lo que no está apretado o ajustado (*tighten up*). Por su parte, Góngora lo hace así:

> De este, pues, formidable de la tierra
> bostezo, el melancólico vacío,
> a Polifemo, horror de aquella sierra,
> bárbara choza es...

Entonces, para el poeta la cueva es «formidable bostezo de la tierra, melancólico vacío». Pero separado, como lo escribe Góngora, adquiere mayor expresividad y rareza. Observa de paso cómo juega el poeta con la doble erre de «horror» y de «sierra», cómo separa también «bárbara» de «Polifemo», y cómo pone el verbo al final, «es», pues usualmente se diría «es de Polifemo bárbara choza».

Digamos pues que, en general, en la poesía castellana la musicalidad depende, en gran medida, del orden en que se acomodan las palabras, en eso descansan su brillantez y tersura.

La dulce boca que a gustar convida...

En este verso, con el que empieza Góngora un soneto, el orden de las palabras (y la elección de ellas) es, simplemente, perfecto. Prueba a cambiar lo que sea de él y verás que lo lastimas y desmerece en vez de mejorar.

Observaciones sobre el idioma español

En comparación con otros lenguajes, el español es sencillo, fácil de aprender. La fonética del castellano, por ejemplo, es mucho más simple que la del inglés, porque tiene menos sonidos y se pronuncia casi siempre como se escribe. En este sentido, la fonética del español se parece a la del japonés.

Entre las diferencias que hay entre los dos idiomas, te mencionaré dos características del español que no encuentras en inglés:

1. Los géneros. En español toda cosa, todo ser, tiene su género: es masculina o femenina. Por ejemplo: el jabón (*soap*) es masculino, la silla (*chair*) femenina, también es femenina en español la cerveza (*beer*) (aunque en inglés es masculina: *Budweiser, King of Beers*).

2. El uso de reflexivos. En español es frecuente decir *me imaginé* (literalmente: *I imagined myself*, pero quiere decir simplemente *I imagined*). Este *me* es pronombre reflexivo en primera persona; el de la segunda es *te* (tú te imaginaste) y el de la tercera es *se* (él se imaginó). Estas estructuras verbales no se usan en inglés.

Un diálogo

—¿Qué hiciste en la mañana?

99

—Me levanté, me bañé y me desayuné. Y mientras me vestía, me puse a pensar, como siempre en estos días, si me caso o no me caso. Pero, claro, en ningún momento me imaginé que ibas a venir tú.

Comentario del diálogo

Todos estos *me* reflexivos son gramaticales. Así se construye en español. No quiere decir que el sujeto se aplica en todos los casos a sí mismo la acción, como en me vestí (*I dressed myself*). Porque, observa, propiamente el que casa a los novios es el juez, el pastor, el sacerdote; tú no te casas a ti mismo (más que en sentido metafórico). De todos modos, así se acostumbra decir: me caso. Se puede decir, en español, «caso con María», sin el *me*, pero suena raro y muy pedante.

«Me imaginé un orangután», quiere decir sólo que «imaginé un orangután», pero se suele decir «me imaginé un orangután», así, reflexivamente.

Por otra parte, desayuno (*breakfast*) es masculino, mientras la comida (*dinner*) o la cena (*supper*) son femeninos. En algunos países a la comida la llaman almuerzo (*lunch*), el que es masculino. «Estar en ayunas» es no haber comido desde que uno se levantó. Por eso des-ayunar es romper el ayuno de la noche comiendo algo. El prefijo *des* en una palabra quiere decir supresión. Por ejemplo: medida es *measure* y des-medida es *without measure*; nutrición es *nutrition* y des-nutrición es *without nutrition*.

Muchas palabras se forman en español con el prefijo *des*. Una de ellas es *des*ayuno.

Comentario a los géneros

Los géneros, en el caso del correcto uso del idioma español, son un asunto gramatical, no biológico. La regla general, muy sencilla, es ésta: las palabras cuya última vocal es *a* son femeninas, con excepción de palabras que empiezan también con a acentuada, como águila (*eagle*), porque en ellas se haría confusa la fonética si se dijera «la águila» (una a se adhiere a la otra). De modo que estas escasas palabras son masculinas, y las demás todas son femeninas.

Por otro lado, las palabras cuya última vocal es *o* son masculinas.

Valga añadir ahora que muchas palabras pueden ser, desde luego, masculinas y femeninas, según el caso (perro = *male dog*, perra = *female dog*). Y entonces se sigue aplicando la regla, *a* para el femenino, *o* para el masculino: el oso (*bear*) y la osa; el maestro (*teacher*) y la maestra; el amigo (*friend*) y la amiga.

Claro que hay excepciones, pero no muchas. Por ejemplo, capitán (*capitan*), sin vocal al final, es masculino, y su femenino se forma añadiéndole la *a*: capitana.

En las palabras que no terminan en *a* ni *o*, que son pocas, son de género fijado por el uso. Por ejemplo: *la* tribu (*tribe*) y *el* hule (*rubber*).

Géneros (breve continuación)

Las palabras con género son propiamente sólo los nombres o sustantivos, porque los adjetivos tienen el género del nombre al que modifican: la casa roja, el pelo rojo, el puente ancho, la puerta ancha. A eso se llama «concordancia». Entre sustantivo y adjetivo la concordancia es de género y número.

Digamos de una vez que el plural en español se conforma como en inglés, añadiendo la letra *s* a la palabra en singular. Se dice la*s* casa*s* roja*s*, lo*s* puente*s* ancho*s* (y no *la casas roja, los puentes ancho*).

El adjetivo debe tener el mismo número y género que el nombre al que corresponde. Ésa es la regla de concordancia: mismo género y mismo número de nombre y de sustantivo.

Por último, los verbos no tienen género: correr (*to run*), bailar (*to dance*), ser (*to be*), pensar (*to think*). Cuando se sustantiva un verbo, por ejemplo de *correr* (*to run*) haces *el correr* (*the running*), el verbo sustantivado siempre va en masculino.

Ahora, veamos lo siguiente. Coleccionar es verbo, no tiene género. Aquello que se colecciona, el resultado de tu acción de coleccionar, es la colección, un nombre o sustantivo femenino.

Organizar es verbo. La organización es su resultado y es femenino.

Actuar es verbo. La acción es su resultado y es femenino.

Observa la tendencia. El nombre o sustantivo del resultado de la acción del verbo termina en *ión* y es femenino. Esto es frecuente en español.

Revolucionar es el verbo. La revolución es su resultado.

Digerir. La digestión.

Discutir. La discusión.

Cantar. La canción.

Con esto basta por ahora. Poco a poco se va aprendiendo un idioma. Poco a poco se llega lejos.

¿Cuál será el resultado de agredir, pedir, aclarar y en que género estará? Dime tú y luego busca en el diccionario las palabras.

Microdiálogos

1

—Pásame rápido la pistola.

—Aquí está.

—Esto no es una pistola, animal, esto es un paraguas.

—Perdón, perdón, jefe. Es que la prisa me pone nervioso.

2

—¿Nos subimos al elefante?

—Yo prefiero no subir.

—Ándale, me dan muchas ganas.

—Súbete tú y yo te veo desde acá abajo.

Comentario

Pásame = me pasas, del verbo pasar (*to pass*) equivale en el diálogo a *to give*. «¿Me pasa usted la sal, por favor?» (*Would you give me the salt, please?*). El español que se habla en México, lleno de cortesía, a veces disfraza las órdenes bajo la forma de preguntas. «Pásame la sal» se convierte en «¿me pasas la sal?». Una pregunta retórica, cortés.

Pasar es también transcurrir, como en «el pasar de los años» (*the passing of the years*). Pasa lo que no queda, esto es, lo temporal. Acuérdate de los versos de Santa Teresa:

Nada te turbe,
nada te espante,
todo se pasa.

El soneto

Catorce versos endecasílabos hacen un soneto en inglés y en español. Pero en español se ordenan así: dos cuartetos (8) y dos tercetos (6), mientras que los sonetos de Shakespere tienen tres cuartetos (12) y rematan con un dístico (*distich, couplet*) (2). La rima de los versos en el soneto español es así: en el caso de los dos cuartetos riman el primer verso con el tercero (o con el cuarto) y el segundo con el cuarto (o con el tercero); y en los dos tercetos (que suman seis versos) rima primero con el tercero y el quinto, y rima el segundo con el cuarto y el sexto. Un ejemplo ilustre de soneto es éste de Luis de Góngora:

Mientras por competir con tu cabello	(A)
oro bruñido al sol relumbra en vano,	(B)
mientras con menosprecio en medio el llano	(B)
mira tu blanca frente el lilio bello;	(A)
mientras a cada labio, por cogello,	(A)
siguen más ojos que al clavel temprano,	(B)
y mientras triunfa con desdén lozano	(B)
del luciente cristal tu gentil cuello;	(A)
goza cuello, cabello, labio y frente,	(C)
antes que lo que fue en tu edad dorada	(D)
oro, lilio, clavel, cristal luciente,	(C)

no sólo en plata o viola troncada (D)
se vuelva, más tú y ello justamente (C)
en tierra, en humo, en polvo, en sombra, en nada. (D)

Las letras de la derecha marcan la rima explicada arriba.

Ahora fíjate en esto: un soneto es un discurso en miniatura. Los cuartetos plantean y desarrollan, un poco, el asunto. En los tercetos se obtienen conclusiones y el último verso, sobre todo esto, debe ser remate sonoro y contundente.

El asunto o tema de este soneto de Góngora es muy frecuente en poesía: la brevedad y la fugacidad de las cosas humanas —de la belleza femenina en este caso. Hay en estos versos un discutible presupuesto de corte platónico: sólo lo eterno, lo que no está en el tiempo, Dios, las ideas, tienen peso de realidad; lo temporal, lo sometido al tiempo, es apariencia, espejismo, engaño, es «humo, sombra, nada». La belleza de una muchacha, lo sabemos, no es eterna, se va a degradar con los años, pero ¿es por eso «irreal»? Depende dónde pongamos el acento. Las mentalidades religiosas, el Buda por ejemplo, así lo ven. Porque la mentalidad religiosa tiene, casi siempre, hambre de absoluto (*hunger of the absolute*).

Ahora, con sonetos se puede hacer tal variedad de cosas, de intentos diferentes, que se sospecha que puede hacerse todo (*everything can be done*). Gran alcance tiene el soneto, enorme poder poético.

El siguiente, por ejemplo, de Lope de Vega, es un soneto acerca del soneto, acerca de cómo improvisar un soneto. Y parece improvisado, pero, claro, no lo es, y la prueba está en que figura en una comedia del maestro.

Un soneto me manda hacer Violante.
Que en mi vida me he visto en tanto aprieto.
Catorce versos dicen que es soneto;
burla burlando van los tres delante.

Yo pensé que no hallara consonante
y estoy a mitad de otro cuarteto;
mas si me veo en el primer terceto,
no hay cosa en los cuartetos que me espante.

Por el primer terceto voy entrando,
y parece que entré con pie derecho,
pues fin con este verso le voy dando.

Ya estoy en el segundo, y aún sospecho
que voy los trece versos acabando;
contad si son catorce, y está hecho.

Muy diferente es el tema de los dos sonetos que vienen
a continuación, de Jorge Luis Borges. En ambos casos se
trata del juego de ajedrez. Observa cómo Borges se demora y se recrea en describir las movimientos de las piezas
hasta alcanzar una conclusión de orden metafísico (Borges dijo con modestia de sí mismo que era «un argentino
extraviado en la metafísica»).

I

En su grave rincón, los jugadores
rigen las lentas piezas. El tablero
los demora hasta el alba en su severo
ámbito en que se odian dos colores.

Adentro irradian mágicos rigores.
Las formas: torre homérica, ligero

caballo, armada reina, rey postrero,
oblicuo alfil y peones agresores.

Cuando los jugadores se hayan ido,
cuando el tiempo los haya consumido,
ciertamente no habrá cesado el rito.

En el Oriente se encendió esta guerra
cuyo anfiteatro es hoy toda la tierra.
Como el otro, este juego es infinito.

II

Tenue rey, sesgo alfil, encarnizada
reina, torre directa y peón ladino
sobre lo negro y blanco del camino
buscan y libran su batalla armada.

No saben que la mano señalada
del jugador gobierna su destino,
no saben que un rigor adamantino
sujeta su albedrío y su jornada.

También el jugador es prisionero
(la sentencia es de Omar) de otro tablero
de negras noches y de blancos días.

Dios mueve al jugador, y éste, la pieza.
¿Qué dios detrás de Dios la trama empieza
de polvo y tiempo y sueño y agonías?

Un poco de teoría literaria: ¿cómo se hace un poema?

Vamos a considerar una (*one*) manera, de seguro hay otras. Henry James, el refinado novelista americano, habla en sus cuadernos (*notebooks*) y cartas de gérmenes (*germs*) narrativos. Un germen narrativo es algo (*something*) de lo que puede derivar un cuento o una novela. Este algo puede ser una anécdota, un suceso, un chisme, una escena vista de lejos, el interior de una casa atisbado al pasar, un fragmento de conversación oído de casualidad, hasta una palabra suelta que de pronto aparece en la mente o se capta. En el germen hay una situación y una situación inevitablemente está hecha de personajes. El personaje es la base, el sustento de la narración porque —según James— las acciones, y con ellas el drama, deben brotar del modo de ser del personaje, de su psicología. A esto se lo llama determinismo psicológico (*psychological determinism*) y es muy fecundo en el arte narrativo.

Se llama germen a ese arranque porque, aunque es muy chiquito (*very little*), de él va a crecer, al estructurarse, una historia larga y articulada. Y por eso James pudo haberlo llamado igualmente semilla (*seed*) narrativa.

También los poemas y la música brotan, a veces, de gérmenes, en estos casos poéticos o musicales. Se cuenta que a Chopin de pronto se le ocurría algo y lo tocaba o improvisaba; entonces sonaba bien, pero era un fragmento de algo todavía amorfo e indeterminado. Ahí empezaba la lucha (*the struggle*), el trabajo agotador: ¿qué venía antes, qué después, cómo desarrollar el germen hallado? Porque un germen se abre a muchas posibilidades diferentes y hay que hallar la óptima, la más expresiva. Esto es vacilante, trabajoso, difícil. Y Chopin se reconcentraba en sí mismo, trabajando, y se ponía irritable, de mal humor si era interrumpido, hasta que el preludio o el nocturno en cuestión estaba concluido.

Así sucede muchas veces, casi siempre, con el poema: a la alegría de hallar el germen la sigue el pesado trabajo de desarrollarlo. Pruebas una cosa, pruebas otra, no estás seguro, tachas y vuelves a tachar, luchas con el borrador, te derrota un día, vences a la mañana siguiente. Lope de Vega, a quien por su fecundidad (sólo comedias, escribió más de 600) lo llamaban El Monstruo de la Naturaleza (*Nature's Monster*), escribió sin embargo:

«Oscuro el borrador, el verso claro...»
Dark the notebook, clear the verse...

Es decir: hay que tachar muchas veces para que el verso quede limpio. Todo el que ha escrito un poema conoce la emoción particular que se siente cuando, después de mucho trabajar, se pasa en limpio —sin huella de lo pasado, lo erróneo, lo superado— el poema resultante.

Ahora el germen, está hecho, digamos, de materia diferente de la que ocupamos en el desarrollo de la escritura. El germen aparece bruscamente, porque sí, al azar. Es un regalo de los dioses del arte, y está ligado a esa cosa misteriosa que se llama inspiración (*inspiration*). El germen aparece o no, pero ahí no hay deliberación ni trabajo. En poesía el germen puede ser un verso ya forjado, pero suelto, o varios versos encadenados, o una idea poética no cristalizada aún en palabras, por ejemplo: «el océano como lugar enorme donde hay todo, los números son océano, las combinaciones de letras son océanos, la historia universal es océano, tu vida es océano, en el océano puedes hallar, pero no buscar, en lo infinito no se puede buscar». Esta idea es un germen, está ahí esperado para hacer con ella un poema.

Aunque a menudo los gérmenes poéticos son conjuntos de palabras, a veces son una sola palabra, deslumbrante y fresca, que imanta otras.

Un día el pintor Degas le confesó al poeta Mallarmé:

—Tengo ideas para hacer poemas.

—Pero, querido amigo —respondió el maestro Mallarmé—, los poemas no se hacen con ideas, se hacen con palabras.

Góngora, Garcilaso, casi cualquier poeta, suscribiría, creo, esta declaración. Es muy difícil pasar de una idea a un poema, tan difícil que casi podríamos decir que una idea no puede operar como germen de un poema. Porque el poema es, ante todo, combinación de palabras, ésa es su materia prima.

> Entre el ramaje dorado
> agua helada se desata.

Detrás de estos versos juveniles de Cernuda no hay ideas, sino modo de decir *(ways of telling)*. Este modo de decir genera una imagen visual: entre el quieto ramaje dorado (¿del otoño?) el agua helada, congelada o fresca, se desata, es decir: fluye o se deshiela. Ésa es la imagen lograda.

Sócrates, gran razonador, filósofo, decía: «Sigue al argumento hasta donde él te lleve». El poeta dice: «Sigue tus modos de decir hasta donde ellos te lleven».

En ese sentido el poeta es un señor o una señora que capta gérmenes (porque es sensible a ellos) y tiene una manera personal (una técnica, un estilo) de desarrollarlos en poemas.

112

Uno de los significados de la palabra arte (*art*) es: conjunto de reglas o preceptos para hacer algo bien. Aristóteles, quien meditó mucho sobre el arte en este sentido, habla del arte de la navegación (*navigation art*), propio del marinero, del arte médico (*medical art*) o del arte de la carpintería (*carpentry art*). Durante muchos siglos todas nuestras bellas artes (pintura, música, poesía, etcétera) se practicaron de acuerdo con reglas fijas, escritas. Pero a fines del siglo pasado empezó un movimiento renovador de las artes de gran fuerza y mérito que generó en el primer tercio del siglo una Época de Oro de las artes en general. Una de las características de este momento de esplendor generalizado fue la voluntad —con fines creativos y buscando expresiones nuevas— de desobedecer todas las reglas.

Nacieron así, por ejemplo, la danza moderna (como opuesta al ballet clásico), la música dodecafónica o la pintura abstracta.

En poesía apareció así el verso libre (*free verse*), esto es: libre de medidas regulares (número de sílabas, acomodo de acentos y rimas) y conocidas.

La revolución estética fue grande. Durante miles de años se escribió poesía de acuerdo con reglas precisas. Y entonces sucedió que ya no había reglas, que ninguna de las tradicionales quedó vigente. Pero no hay que exagerar. Además de que muchos grandes poetas siguieron usando metros tradicionales (escribían, por ejemplo, sonetos; el «proteico soneto», dice Borges), hay que reconocer que un mínimo de «reglas» o «modos de hacer» se encuentran implícitos en casi toda obra, variando de un caso a otro y constituyendo las limitaciones (*limitations*) y cánones que aceptan o se imponen los artistas. Por ejemplo, Mondrian, el pintor, no pinta curvas (y esa limitación hace a Mondrian, en gran medida, el gran artista que es), y Eliot, el poeta, sostiene que la poesía debe ser impersonal (lo que también lo vuelve grande).

Verso no libre, verso con medida tradicional, es, por ejemplo, éste de Luis de Góngora:

«Del caballo andaluz la ociosa espuma...»
From de andalucian horse the idle foam...

Es un verso endecasílabo con muchas sinalefas: tres. En cuanto verso medido es igual a este que improvisamos ahora:

«Del gazpacho andaluz la ociosa espuma»
From the andalucian gazpacho, the idle foam

Este último verso no altera métricamente al de Góngora porque gazpacho y caballo tienen la misma medida y el mismo acento, aunque no se parezcan nada en lo demás. Sin embargo, el segundo verso, el de la popular sopa fría llamada gazpacho, tiene el defecto de ser semi absurdo, porque el gazpacho no produce espuma.

Así puedes ver que en el verso con medida tradicional hay una guía, una tradición de musicalidad que enseña el camino al poeta. En el verso libre nada hay y por eso es más difícil. Podría parecer que no, que es más fácil porque haces lo que te da la gana (*whatever you like*). Pero no, en arte nunca haces lo que te da la gana sino lo que tienes que hacer (*what you must do, the right thing*). Y tú tienes que inventar lo que se tiene que hacer.

Por eso un gran maestro del verso, T. S. Eliot, decía: «*free verse does not exist [...] There is no escape to metre: there is only mastery of it*».

Y otro maestro, el español Antonio Machado, hacía este juego de palabras:

> «Verso libre, verso libre...
> Líbrate, mejor, del verso
> cuando te esclavice»
> *Free verse, free verse...*
> *You better, get rid, of verse*
> *when it enslave you*

Con lo que dice que todo verso tiene medida, cierta musicalidad, patente, ya en metro tradicional o ya escondida, en metro no tradicional, pero medida al fin.

Escribir poesía (*to write poetry*)

Te quiero recordar esto: la esencia, podríamos decir el alma, de una cultura está en el idioma que en ella se habla y escribe.

La descripción de algunos de los tipos de verso en español no nos debe hacer perder de vista que lo mejor para aprender poesía es escribir poesía. ¿Pero cómo se aprende a escribir poesía?, ¿qué es lo que hay que saber para empezar a escribirla? La situación es curiosa porque, como escribe el poeta James Fenton en uno de sus ensayos:

«*The way to learn to write poetry is: to write poetry. So we pass directly from the aspiration to the activity itself, an that leaves us as first vulnerable, because, looked out in a certain way, we have no right to be writing poems at this stage. But unfortunately we have no option but to give it a whirl. The old joke —Do you play violin? I don't know, I'v never tried— describes our predicament. We are in the position of someone who takes up a violin for the first time and has to go at giving a concert.*»

(La manera de aprender a escribir poesía es escribiendo poesía. De modo que pasamos directamente de la aspiración de hacer algo a la actividad misma, lo que nos vuelve vulnerables al principio porque, visto de cierto modo, no tenemos derecho a escribir poemas en esta etapa. Pero desafortunadamente no tenemos más opción que darle la vuelta. El viejo chiste —¿Tocas violín? No sé, nunca lo he intentado— describe nuestro predicamento. Nos encontramos en la posición de alguien que toma el violín por primera vez y tiene que ir a dar un concierto.)

Esa peculiaridad hace que la actividad de escribir poesía sea a la vez más sencilla y más difícil que otras actividades. Sencilla porque está de inmediato a tu alcance, como una pelota, para jugar con ella. Y difícil porque tienes que inventar el juego y decidir quién gana y quién pierde.

Puedes verlo así, es una manera entre otras: el juego consiste en ligar palabras, emociones y cierta curiosidad en un solo ente verbal.

Supongamos que quieres escribir unos versos sobre la ostra (*the oyster*). Empecemos con el anticuado «oh» exclamativo de los poetas:

«¡Oh, ostra!»
Oh, oyster!

Aquí ya hay cierta emoción, no se trata de una simple mención sino de cierta manera de aislar y considerar con atención a la ostra. Y sobre todo, ese «Oh» te permite dirigirte a ella, hablarle. ¡Oh, ostra! ¿Qué? Aquí le pedimos prestada una metáfora a un antiguo poeta griego que dijo de la perla que era:

Hija de las bodas del mar y la piedra.

No te preocupes, está permitido, es muy común —y más al comienzo—; si no tienes capital poético (todavía) pídelo prestado. De otro modo no puedes desarrollar tu empresa. Todos los poetas lo han hecho en el arranque (y con frecuencia también después). Y queda, entonces, lo siguiente:

117

¡Oh, ostra!, hija de las bodas
del mar y la piedra,
hija única y deshuesada,
ola detenida en viva gelatina.

Los dos versos que añadimos son resultado de la activa curiosidad acerca de cómo es la ostra. Ahora hay que cerrar el poema. En esos cuatro versos hemos planteado algo y tenemos que rematar. Es hora, además, de ejercer el derecho que adquirimos de hablar con la ostra. Sería incoherente solicitar el derecho a algo, y luego, sin motivo, no ejercerlo. Así que hablémosle a la ostra:

Qué sabia es tu asentada
ambición de sólo permanecer.

No, no, no. El remate es débil, no cierra bien. No es sonoro y conclusivo. Más bien el poema agoniza y finaliza como un conejo que muere de viejo en el bosque. Pero hay que pasar en limpio y modificar el final, para verlo desde lejos. Entonces quedaría algo como:

¡Oh, ostra!, de las bodas hija
del mar y de la piedra.
Deshuesada hija única,
ola en viva gelatina, detenida,
¿qué amor guía tu voluntad
de sólo permanecer?

Cambié algunas cosas de los primeros versos para volverlos más melodiosos y expresivos. Por ejemplo: en «ola en viva gelatina, detenida», la palabra «detenida» detiene, en efecto, el verso. El final lo modifiqué para hacerlo menos demagógico: no me gusta decir, como decía, que la ambición de la ostra es sabia (*wise*), simplemente porque creo que no es sabia en modo alguno. Será en todo caso, enigmática, como lo expresan los dos últimos versos con su pregunta.

Entonces, ¿son buenos, malos o mediocres estos versos?, ¿tienen mérito? No, no preguntes eso ahora. No te hagas crítico antes de hacerte inventivo y creador. Basta con saber, por ahora, que donde antes había nada, la página en blanco, ahora hay algo (*something*), esto es, un artefacto verbal sobre la humilde ostra. Y el mundo se ha enriquecido un poquito con él.

Después, después, cuando hayas inventado muchos artefactos verbales, ellos van a mostrarte algo de ti, de cómo eres tú. Y con esto basta, con que tus versos te reflejen, sean auténticos, genuinos, tuyos. Más no puedes hacer ni saber. Pero, a veces, muchas veces, con esto basta. Todo lo demás, el mérito, el valor estético, no depende de ti ni está a tu alcance, no te corresponde a ti juzgarlo. Así que mejor que no te importe ni mucho, ni poco.

Un método infalible para escribir poesía

Asiento que el método es infalible en el sentido de que con él cualquier persona, aun la más recalcitrante, puede escribir poemas. Si esos poemas tienen o no algún mérito artístico, es otro cantar. Y no nos interesa por ahora. Repito aquí que es antipedagógico, francamente tonto y frustrante, desarrollar en el aprendizaje las facultades críticas antes de desarrollar las facultades inventivas y creadoras.

El solo esfuerzo inventivo tiende, por sí mismo, a desenvolver, al realizarse, aptitudes de apreciación críticas personales (esto es, a precisar lo que nos gusta y lo que no nos gusta, lo que nos gusta más y lo que nos gusta menos en poesía).

Ahora, el método es infalible porque automatiza hasta donde se puede la escritura de poemas. Se trata de una especie de algoritmo poético; es decir, que si se siguen los pasos 1, 2, 3, etcétera, mecánicamente, el resultado es un poema. He advertido que «hasta donde se puede», porque tengo por cierto (y creo que se podría demostrar) que es imposible escribir poesía sin hacer uso, por un momento aunque sea, de inventiva, de imaginación artística. Esto es, que la producción o creación de poemas no puede mecanizarse por completo. Siempre está en ella el impredecible acto imaginativo; y el acto imaginativo o inventivo no se puede, por su naturaleza, automatizar. Para escribir un poema, como para demostrar un teorema de geometría, precisas un mínimo (o mucho más que eso) de inspiración e inventiva.

Y en eso justamente, te lo recuerdo, están la nobleza y el placer de esta actividad.

El método consiste en un juego, muy instructivo, de corte surrealista. Es muy sencillo, se trata sólo de construir un artefacto verbal con palabras por completo desconectadas.

Y se juega así:

1. Escribes una palabra al azar (que de preferencia te guste, pero eso no importa mucho, lo importante es que sea al azar).

Antílope (*antelope*).

Luego escribes en otro lugar otra palabra, por completo desconectada de la primera.

Zodíaco (*zodiac*).

Ahora escribe aparte otras palabras, pequeñas expresiones, también desconectadas.

Brinca (*jump*), de plata (*of silver*), verde limón (*lemon green*), en la noche (*in the night*).

2. Ya tienes las piezas. Ahora construye, articula con ellas un artefacto verbal.

Brinca antílope al zodíaco de plata
en el verde limón de la noche.

Bueno, hemos generado un nuevo signo astrológico, el del antílope, ¿por qué no? Zodíaco de plata alude a las estrellas. El verde limón en la noche parece casi alucinación. ¿Pero por qué no vas a pintar tu cielo nocturno de un fuerte verde limón? Más licencias se toma ahora cualquier pintor.

Éste que te doy es un método (*method*) para cantar. La

palabra método en su origen, griego, quería decir camino (*way*): un camino para cantar. Hay otros, desde luego. Pero con éste, si sigues los pasos, no digamos «creas» —es pedante—, conformémonos con decir que «engendras» o «produces» un artefacto verbal. Así pues:

Paso uno: aislar una palabra al azar, pero que te guste (de preferencia).

Pajáro (*bird*).

Paso dos: aislar otra palabra, por completo separada de la anterior. La razón de este segundo paso es que tenemos que evitar a toda costa las asociaciones obvias (*we must avoid at all cost the common asociations*) que vienen adheridas a la palabra. En el caso de pájaro estas palabras comúnmente asociadas serían aire (*air*), volar (*to fly*), rama (*branch*), animal (*animal*), pluma (*feather*), cantar (*to sing*). Nada de esto, busca algo diferente, ésta es una aventura de palabras (*an adventure of words*). Me viene a la cabeza un término musical:

Allegro molto.

Apareció bruscamente. En italiano, no español, *allegro* significa en español alegre (*joyful*), lo opuesto a triste (*sad*), y *allegro molto* quiere decir muy alegre (*very joyful*), con lo que se indica un ritmo rápido, vivaz, bailarín, enérgico.

Un esfuerzo más. Aísla otras palabras. Un verso:

Romper (*to break*), día (*day*).

Ahora, trata de articular.

Rompe el día
con su *allegro molto* de pájaros.

No. Afinemos. Sustituyamos romper por quebrar, que es casi lo mismo y día por mañana (*morning*). Entonces queda:

> Quiebra la mañana
> con su *allegro molto* de pájaros.

El azar, el regalo del azar. Joyce se lo dijo a su amigo Jacques Mercanton al describir su trabajo: «I write with such difficulty, so slowly. Chance furnishes me what I need. I am a man who stumbles along; my foot strikes something, I send over, and it is exactly what I want». (Escribo con tanta dificultad, con tanta lentitud. El azar me provee de lo que necesito. Soy un hombre que va tropezándose; mi pie golpea algo, regreso y es exactamente lo que quiero.)

Tropezar (*stumble*) con palabras (*words*) al azar; ésa es, *prima facie*, la ocupación del poeta. Confía en el azar, es más creativo (*creative*), más inventivo (*inventive*) que cualquier plan.

Volvamos un poco al verso logrado a partir de pájaro. Recuerda mucho, aunque es inferior en calidad, a uno famoso del Cantar de Mío Cid que dice:

«Aprisa cantan los gallos y quieren quebrar albores...»
Quickly the cocks crow, wanting to break the dawn

Y sí, nuestro verso es flojo, adornado, vacilante, en comparación con la fuerza esencial, simple y contundente del verso del Cantar de Mío Cid.

Es más que probable que nuestro verso derive del verso del cantar por ese uso brillante de quebrar (*brake*) aplicado a la mañana. Pero bueno, así resultó. Más que invención el verso parece recuerdo.

123

Consideraciones sobre el método infalible

Quiero hacer unas consideraciones para ampliar la noticia sobre el método para cantar (*singing method*), en especial sobre los pasos (*steps*) del procedimiento.

Kant, en la *Crítica de la razón pura*, cuando propone la tabla de las categorías habla de cuatro grupos de tres. A la tercera categoría de cada grupo se llega por síntesis de las dos primeras. La que aquí nos interesa es ésta: la síntesis de (1) pluralidad y (2) unidad engendra (3) la totalidad, esto es, la pluralidad unificada. A eso se ha llamado dialéctica (*dialectics*).

Observen qué es lo que hemos dicho:

1. Pluralidad. Aislar las palabras, separadas de sus asociaciones comunes.

2. Unidad. Tratar de juntar las palabras separadas, esto es: relacionarlas de maneras frescas y nuevas. Lo que engendra:

3. Totalidad. El artefacto verbal, el verso con su significado, una totalidad autónoma.

La suma de separar —primero— y unir —después— produce el verso. Estamos hablando de palabras: separar palabras, unir palabras.

Cómo vencer dificultades
en la aplicación del método

El primer paso, que consiste sólo en apuntar palabras desconectadas al azar, no puede ofrecer dificultades. Con todo, si hay obstáculos en esa libre disasociación —como podríamos llamarle, al revés de la freudiana—, entonces toma un diccionario, ábrelo al azar, señala una palabra a ciegas, y anota esa palabra en tu cuaderno. De esta manera se automatiza la operación y, lo más importante, sales de tu escena, te borras, que de eso se trata, de operar al azar, no en forma controlada.

De este modo, anota tres palabras desconectadas y prueba a hallar alguna unificación. Por ejemplo:

Casa   Mandril   Esperanza
House   *Baboon*   *Hope*

Una unión simple es como la siguiente:

La esperanza entera de la casa
está puesta en el mandril.
All the house's hope
lays in the baboon.

No es mucho, pero es algo, un planteamiento fresco, inusual, lo que de suyo es prometedor. La creación artística empieza, muchas veces, desordenando.

Paso primero: desordenas. Paso segundo: estructuras. Has planteado una situación poética, faltaría desarrollarla. ¿Por qué la esperanza de una casa puede recaer en un mandril? Habría que darle vueltas a eso.

Pero supongamos que con las tres palabras (casa, mandril y esperanza) no logras ninguna unidad, no se te ocurre nada. En ese caso, ¿cómo desatorar? El método prescribe un modo. Es éste: si no puedes unificar con las palabras dadas, entonces añade otra palabra, nueva, y prueba. Si no puedes, añade otra. Y así, hasta desatorar.

«Una palabra nueva», dice Wittgenstein, «es una semilla que arrojas al terreno de la discusión». Y al terreno del poema también, añadimos nosotros.

Casa   Mandril   Esperanza   Demografía

Tratemos de unificar otra vez estos elementos.

> En la casa del mandril
> preocupa la demografía,
> según parece hay poca esperanza
> y se mira con temor
> la llegada de la lluvia.
>
> Como el monzón
> tremebundo
> embistió la demografía
> en la casa del mandril
> y nada quedó en pie.

Esto es lo que he podido hacer por ahora con estas cuatro palabras. No es mucho ciertamente. Me dan ganas de seguir probando:

Los sueños demográficos
de mandril
abarcan una casa
con timbre en la puerta.

En este caso, como ves, sustituí esperanza (*hope*) por sueños (*dreams*) que es, más o menos, lo mismo. Y por último aparece:

La casa en la noche,
sueña un mandril
imperioso.

Bueno, éste es el método que he llamado infalible (*infallible*) para escribir poesía. No es un método para escribir buena poesía (*good poetry*) sino simplemente para soltar la mano, alertar y estimular, vencer inhibiciones y pasmos, y escribir poemas. No hay ningún método para escribir buenos poemas. Los poetas talentosos son animales extraños (*rare animals*), y los trabajos que realizan son demasiado individuales, personales, con algo de inexplicable, como para someterlos a un método.

Del mérito o calidad de los poemas se ocupa casi toda la crítica literaria (*literary criticism*). Ezra Pound, por ejemplo, que era un maestro incansable, escribió mucho sobre cómo alcanzar mérito artístico al escribir poesía. Puedes leerlo, pero, vuelvo a decir, su comprensión es imposible o muy limitada si no vives la experiencia de escribir tú mismo algunos poemas. No puedes acercarte a la poesía sin ser, un poco, tú mismo poeta.

Un niño aprende a jugar un juego, cualquier juego, por complicado que sea, jugando el juego. ¿Cómo puedes aprender algo del ajedrez sin jugar ajedrez? Sería muy difícil, tal vez imposible. ¿Y crees que la poesía es más sencilla que el ajedrez? No, ciertamente, aunque su dificultad es de otra naturaleza.

A cumplir ese requisito insalvable, escribir poemas, es a lo que te ayuda el método, sencillo, elemental, que aquí, para ti, hemos expuesto.

Friends of the
Houston Public Library   HALIW   SP
808
.1
H668

HIRIART, HUGO
    COMO LEER Y ESCRIBIR
    POESIA
ALIEF
01/08